AF602596

OBSERVATIONS

SUR

LE PROJET DE BUDGET DE 1816.

Lb48 465.

OBSERVATIONS

SUR

LE PROJET DE BUDGET DE 1816;

ET SUR LES MOYENS D'ÉLEVER LES RECETTES AU NIVEAU DES CHARGES;

PRÉSENTÉES

AUX DEUX CHAMBRES,

PAR EUGÈNE DE BRAY,

Propriétaire, ancien Manufacturier, Membre du Conseil-général des manufactures, et Capitaine de Grenadiers de la 2e. Légion de la Garde nationale.

PARIS,

DE L'IMPRIMERIE D'ANT. BAILLEUL,

RUE SAINTE-ANNE, N°. 71.

1816.

OBSERVATIONS

SUR

LE PROJET DE BUDGET DE 1816;

Et sur les moyens d'élever les Recettes au niveau des Charges.

BIBLIOTHÈQUE ROYALE

PREMIÈRE PARTIE.

MESSIEURS,

La lecture du budget de 1816 fait naître divers sentimens.

L'imagination s'étonne de l'abondance des matériaux que renferme le projet, de la méthode qui en réunit toutes les parties; mais en rendant hommage aux rédacteurs de ce projet, pour les améliorations qu'ils veulent introduire dans l'établissement de la caisse d'amortissement, ainsi que dans quelques parties du système des douanes, l'on ne peut s'empêcher de reconnaître que la précipitation avec laquelle le budget a été fait, n'a sans doute pas permis de porter à la recherche des ressources que présente la nation, tout le soin que méritait un travail de cette importance.

Cette réflexion s'applique particulièrement aux moyens qui sont proposés à la chambre, pour élever les recettes de 1816 au niveau des charges.

Les ministres, en suivant les bases du budget de 1815, trouvent un déficit dans la recette de 182 millions.

Ils parviennent à le combler,

Par des recettes extraordinaires, provenant,	1°. de l'abandon que le Roi fait sur la liste civile..................		10,000,0
	2°. de la retenue sur les traitemens.		13,000,0
	3°. de l'augmentation des cautionnemens........................		50,000,0
			73,000,0
Par l'augmentation,	1°. de divers produits, loteries, postes, salines de l'est, et recettes diverses et accidentelles..................	1,000,000	
	2°. des droits d'enregistrement, et du produit des domaines et bois.....	36,000,000	
		37,000,000	
	3°. des droits de douane, évalués... (Dans lesquels la nouvelle taxe sur les cotons est comptée pour 4 millions.)	15,000,000	109,000,0
	Par la création de nouveaux droits évalués..........................	57,000,000	(*)
	Ensemble.....		182,000,0

(*) Savoir, 13,562,500 fr., produit net de 15,075,500 fr., formant 10 p. % brut des perceptions des octrois et droits-réunis.

Ensemble.	47,000,000	8,000,000	produit brut d'un droit sur les huiles.
		3,000,000	*id.* *id.* *id.* sur la fonte des fers.
lesquels l'on déduit $\frac{1}{6}$ pour frais de perception......	7,833,333	8,000,000	*id.* *id.* *id.* sur les cuirs et peaux.
		3,000,000	*id.* *id.* *id.* sur les papiers.
		8,600,000	*id.* *id.* *id.* sur les tissus de toute espèce.
oduit net que l'on espère.....	39,166,667	12,000,000	*id.* *id.* *id.* sur le roulage par terre et par eau.
		5,000,000	*id.* *id.* *id.* de licences.

Ainsi, le ministère cherchant 54,166,667 f. pour balancer le budget de 1816, a pensé qu'il pouvait obtenir 39,166,667 fr. par des droits nouveaux, et 15,000,000 f., ensemble 54,166,667 f., par des changemens au tarif des douanes.

Ces divers objets sont soumis, Messieurs, à votre examen...

Choisis par la nation pour voter les impôts, vous vous rappellerez que la France, victime d'une *trahison horrible*, s'est vue contrainte, pour conserver son indépendance, de consentir à payer, en cinq ans, 850 millions (1) aux puissances étrangères;

(1) 140 millions, faisant le cinquième de 700 millions payables en 5 années.
30 millions par an, pour l'équipement des troupes étrangères.

170 millions par an, ou 850 millions en 5 ans.

et vous apprécierez, Messieurs, que l'on ne peut faire rentrer en France ce capital énorme, que par les bénéfices de l'industrie française sur celle des autres peuples. Vous rechercherez donc tous les moyens qui peuvent procurer ce résultat, et vous écarterez tout projet d'impôt, qui, pouvant tarir les sources de la richesse nationale, ôterait les moyens de l'augmenter.

Vous aurez toujours présent à la pensée que les sources de la richesse sont la population, l'industrie agricole et manufacturière, et le numéraire (considéré comme monnaie, matière première et mobilier); et que les succès de l'industrie peuvent seuls accroître l'aisance générale, en conséquence, donner au gouvernement la facilité d'augmenter les impôts (sans surcharger les citoyens), dans la proportion de l'aisance; c'est-à-dire de la prospérité des manufactures, de l'agriculture et du commerce.

L'on doit classer ainsi les branches les plus importantes de l'industrie; parce que le commerce qui s'exerce sur des produits exotiques, est nécessairement moins productif et moins utile à la nation, que l'agriculture, qui fournit en même temps du travail aux classes ouvrières, des denrées à la consommation et des matières premières aux fabriques ; et que l'industrie manufacturière concourt plus qu'aucune autre à la prospérité nationale.

En effet, l'industrie manufacturière procure aux classes ouvrières un travail productif, qui leur permet d'augmenter leurs consommations ; elle assure à l'agriculture des débouchés et des bénéfices qui l'encouragent à produire le plus possible de denrées et de matières premières. Par ces bénéfices, elle donne aux propriétaires l'avantage d'élever le prix de la location de leurs biens (ce qui accroît leur revenu, les met dans le cas d'augmenter leurs consommations, et procure en même temps au gouvernement les moyens d'accroître les impôts). La valeur des produits manufacturés se compose du prix de la matière première, de celui des manutentions, de l'intérêt des fonds employés à la location ou à l'achat des usines et des machines, ainsi qu'au paiement des matières et du salaire des ouvriers ; enfin, du bénéfice du fabricant, du négociant et du marchand détaillant.

Toutes les classes de la société, et le gouvernement lui-même, étant intéressés aux succès des manufactures, de l'agriculture et du commerce, il est évident que toutes mesures qui paralyseraient ou même entraveraient l'industrie, doivent être écartées.

En principe, toute mesure fiscale qui blessé les intérêts des nationaux d'une manière inégale, est injuste, et dès lors impolitique; car ne pouvant obtenir l'assentiment général, elle mécontente les citoyens (en raison du tort qu'elle leur cause); et détruisant ainsi l'esprit public, elle prive le gouvernement de la force et de l'énergie qu'il eût pu déployer, si, protecteur de tous les hommes utiles à la société, il se les fût attachés par la reconnaissance des bienfaits de son administration.

A aucune époque de notre histoire, l'application de ces principes n'a été plus nécessaire ni plus politique. Jamais les français n'ont éprouvé plus de besoin de réunir leurs sentimens et leur affection, et de confondre désormais dans leurs cœurs le Roi et la Patrie, la Patrie et le Roi.

Toutes ces vérités n'ont pu échapper au ministère; et vous vous persuadez, sans doute, Messieurs, que le projet qui vous est soumis relativement à la création de nouveaux droits sur l'industrie, a été préalablement communiqué aux chambres consultatives et de commerce, ou au moins que les conseils-généraux des manufactures et du commerce (près le ministre de l'intérieur), conseils destinés à représenter l'industrie nationale, et composés de fabricans et de négocians recommandables par leur expérience *pratique* et par leur amour pour la patrie, ont, en quelque sorte, participé à ce travail, et ont reconnu la convenance des nouveaux droits, et des moyens de perception qui vous sont proposés.

Détrompez-vous, Messieurs, l'erreur serait trop funeste à la France; les conseils-généraux des manufactures et du commerce n'ont été aucunement consultés.... Les membres de ces conseils gémissent aujourd'hui, en se voyant individuellement obligés de faire entendre leur voix sur un projet présenté par des ministres revêtus de la confiance de Sa Majesté; mais leur amour pour le Roi les force à rompre le silence, parce que la perception d'une partie des nouveaux impôts est inexécutable, et que, d'ailleurs, ces droits devant entraver, paralyser l'industrie française, et en ruiner même plusieurs branches, ils mécontenteraient les dix-neuf vingtièmes de la nation, et en conséquence sont impolitiques.

Cette assertion est justifiée, Messieurs, par les divers mémoires qui vous ont été présentés sur le budget. Ils prouvent jusqu'à la dernière évidence que la perception des nouveaux impôts présenterait une foule de difficultés et de vexations qui n'ont point été prévues.

Gardez-vous, Messieurs, d'en tirer la conséquence que les ministres ont pu entrevoir l'inconvenance, des nouveaux droits et les difficultés d'exécution. . . . Non, Messieurs, les ministres de Sa Majesté n'ont point aperçu ces obstacles; et ils ne pourront jamais apprécier les difficultés que présentent les moyens d'exécution, tant qu'il n'y aura pas dans le conseil d'état des hommes qui aient des connaissances *pratiques*; connaissances qu'on ne peut obtenir que par la seule expérience.

Vous vous convaincrez, Messieurs, de la vérité de ces allégations, par la contradiction évidente qui existe entre les principes de la prospérité, (reconnus par M. le ministre des finances, et même par MM. les directeurs-généraux des contributions indirectes et des douanes), et plusieurs des mesures proposées, qui sont tout à fait en opposition avec les principes invoqués. Je vous rappellerai, Messieurs, quelques-unes des phrases qui ont retenti dans l'enceinte de la chambre.

M. le ministre des finances vous a dit :

« Les droits nouveaux frappent divers » objets de fabrication et de consommation » dans une proportion combinée, *pour ne » point affaiblir la consommation, et pour » ménager l'intérêt de nos manufactures...* » Les mémoires qui vous ont été adressés prouvent, au contraire, que, loin de ménager l'intérêt des manufactures, ils tariraient les sources de l'industrie.

« Espérons que (par une unanimité de » sentimens) nous pourrons encourager le » commerce, l'industrie, les arts, et réparer, autant que possible, les dévastations publiques et privées, causées par la » guerre, etc., etc. »

Peut-on espérer de parvenir à ce but par des mesures destructives de l'industrie ?

Dans le rapport que M. le ministre des finances a fait au Roi, on lit cette phrase remarquable :

« Les nouveaux droits *sont modérés, et » doivent l'être*, parce que c'est surtout pour » les douanes que l'impôt doit s'arrêter au » point où son excès favorise la fraude, *nuit » à la consommation, et décourage l'industrie.* »

Eh quoi! peut-on appeler *des droits modérés*,

1°. Celui qui procurera à la régie des bénéfices de 77 à 87 pour cent sur le prix des cartes que l'on reprendra aux marchands: (On les leur payerait 1 f. 35 et 1 f. 95 c. le sixain, et la régie les revendrait 2 f. 40 et 2 f. 60;)

2°. Le droit de 30 c. à 2 f. 50 c. par kil. de peau;

3°. Celui de 15 c. à 2 f. 50 c. par rouleau de papier de 24 feuilles, etc., etc.;

4°. Celui de 10 à 15 pour cent sur les huiles;

5°. Un droit, qui s'éleverait jusqu'à 40 p. 100 sur des étoffes portées uniquement par les pauvres (1);

6°. Celui de 10 pour cent environ du prix du transport de toutes les denrées, matières premières, ou marchandises fabriquées, etc.; et de pareils droits ne nuiraient-ils pas évidemment à la consommation? ......

Est-il possible de penser que l'industrie ne serait point découragée, lorsqu'on a lu la nomenclature des vexations auxquelles plusieurs fabriques seraient ex-

(1) Une tirtaine du prix de 55 à 60 cent. le mètre, payerait 22 cent., ou environ 40 p. % de droit.

posées, particulièrement à la fabrication des peaux, à la fonte des fers, au foulage des étoffes de laine et au blanchiment des toiles?

En lisant toutes ces dispositions, n'est-on pas frappé de la difficulté d'exécution de toutes ces mesures; enfin, de l'inégalité et de l'injustice d'un droit énorme sur quelques branches de l'industrie nationale; tandis que beaucoup d'autres qui prospèrent, n'éprouveraient ni gêne, ni entraves, et seraient affranchies de toute espèce de sacrifice?

Ne serait-il pas odieux que des marchandises fabriquées avec des produits indigènes, fussent assujéties à des droits qui surpasseraient les bénéfices ordinaires du commerce, tandis que des produits manufacturés à l'étranger, circuleraient librement dans l'intérieur de la France, sans payer aucun droit: car la douane est si peu sévère, ou son système si imparfait, que la prime d'introduction est tombée, suivant les localités, à 10, 8 et 5 pour 100 (1)?

Messieurs, vous trouverez les mêmes contradictions entre le discours de M. le direcrecteur-général des contributions indirectes et les dispositions du projet.

---

(1) En Angleterre, on paye au moins 30 p. % les primes d'assurance.

M. le directeur-général vous a dit :

« Il a fallu augmenter les contributions, et » chercher de nouveaux objets à taxer. *La* » *première idée* qui a dû se présenter, c'est » de rétablir des taxes qui avaient existé pré- » cédemment. Dans des temps plus heureux, » *nous les regardions comme onéreuses ; on* » *s'était applaudi de les supprimer.* Aujour- » d'hui il faut y recourir. »

Pourquoi les rédacteurs du budget se sont-ils arrêtés à la *première idée* qui s'est présentée, puisqu'ils regardaient le rétablissement de ces taxes comme *une chose onéreuse ?*

« Le projet de loi a donc repris, dans l'an- » cien système des impôts, les taxes sur les » fers, les cuirs, les papiers et les huiles ; tous » droits perçus à la fabrication, et dont on » s'est efforcé *de rendre la perception facile* et » *les tarifs modérés.* Il y a lieu d'espérer que » l'*industrie ne sera point découragée ni atteinte* » *par les impôts !* ..... »

La lecture des dispositions du projet, et les observations contenues dans les divers mémoires qui vous sont présentés, prouvent absolument le contraire. Ainsi donc, l'exposé des motifs du projet est démenti par le projet même.

« Il faut en convenir, lorsqu'on a été ap-

» pelé à examiner les progrès inconcevables
» que les fabrications ont faits depuis quel-
» ques années, et l'activité imprimée à tous
» nos établissemens de cette nature, *on trem-*
» *ble d'arrêter ou de retarder ce mouvement*
» *destiné à réparer promptement nos désastres :*
» aussi, c'est avec une extrême précaution
» qu'on a procédé à l'établissement de ces
» droits, etc., etc. »

L'intention de M. le directeur-général a été, sans doute, ainsi qu'il l'a dit lui-même, d'apporter une telle précaution à l'établissement des nouveaux droits, que l'industrie ne fût découragée ni atteinte par les impôts, puisqu'il reconnaissait que les manufactures étaient destinées à réparer nos désastres par leurs bénéfices.

Ainsi donc, si M. le directeur-général avait pu apercevoir que les droits projetés étaient excessifs, que les moyens d'exécution étaient vexatoires, et devaient décourager l'industrie, enfin, qu'elle serait atteinte par les nouveaux impôts, assurément il ne se serait point arrêté à la première idée qui lui fut présentée, et il eût cherché d'autres moyens d'élever les recettes au niveau des charges.

Vous trouverez, Messieurs, une preuve

de cette bonne foi de M. le directeur-général dans le passage suivant de ce même discours.

« Les taxes s'appliquant spécialement à la » consommation, sont toujours remboursées » à l'exportation; et cette restitution du droit » laissera à nos manufactures la facilité de » soutenir la concurrence dans l'étranger. » Cette assertion, qui tend à justifier l'application des nouveaux droits, n'est nullement exacte.

D'abord, quoique les taxes semblent devoir être payées par la consommation, la vérité est que le fabricant en fait l'avance, et qu'il ne peut en espérer le remboursement par le consommateur, qu'autant que les débouchés augmentent dans la proportion du montant des droits.

Lorsque le gouvernement de Bonaparte mit un droit de 8 fr. 80 c. sur le kilogramme de coton (1); les cotons, à l'entrepôt, n'augmentèrent pas de prix dans la proportion du droit. Bien loin qu'il augmentât les consommations, il les diminua : aussi, les manufacturiers furent forcés de restreindre leurs fabrications. Enfin, lorsque l'équilibre fut rétabli,

(1) Les tissus anglais étaient alors prohibés dans toute l'Europe.

et que le droit fut alors remboursé par le consommateur, la suppression de ce droit vint faire éprouver des pertes énormes au commerce. Il avait perdu des capitaux considérables par l'établissement du droit ; il en perdit de plus considérables encore à l'époque de sa suppression. (On évalue généralement à 40 millions la perte éprouvée par l'abolition du droit sur les cotons.) Des mesures analogues amèneraient nécessairement les mêmes résultats. Ainsi, l'assertion de M. le directeur-général est inexacte ; et comme les nouveaux droits sont établis sur cette assertion, démontrer son inexactitude, c'est évidemment renverser les bases du système de ces impôts : mais, d'ailleurs, les taxes nouvelles ne seraient point totalement remboursées lors des exportations.

Le projet n'accorde aucune prime à la sortie des huiles ; il ne renferme aucune disposition relative à la perception et à la restitution du droit sur les étoffes fabriquées avec diverses matières, telles que soie et coton, laine et coton, et fil et laine ; et dans le cas d'exportation, le droit sur le roulage ne serait pas restitué.

L'art. 252 annonce, il est vrai, la restitution (à l'exportation des draps et des toiles de fabriques françaises) du montant du droit perçu au foulage ou au blanchiment; mais aucune marque ne devant indiquer la quotité du droit qui aurait été acquitté, son remboursement donnerait lieu à des difficultés sans nombre et presque interminables.

Si, d'ailleurs, l'on considère que le prix de nos marchandises fabriquées s'éleverait non-seulement en raison du droit sur les fers, les peaux, les huiles, les papiers, le charbon et les drogues de teinture que nos manufactures auraient employés, mais aussi à cause du droit de transport de toutes ces marchandises, l'on concevra que les produits des manufactures françaises ne pourront soutenir à l'étranger la concurrence des étoffes qui n'auront payé aucune de ces taxes. Cependant je viens de supposer que le droit sur les étoffes de laine, de lin, de chanvre et de coton, serait remboursé à la sortie. Or, combien de désavantages nos manufactures n'éprouveraient-elles pas dans les marchés français, si les fraudeurs sont toujours impunis, et si l'on ne poursuit pas les contrebandiers jusque dans l'intérieur du royaume! car alors les fabricans de la Belgique introduiraient en France leurs draps et leurs toiles, moyennant une prime inférieure aux droits que les manufacturiers français auraient supportés ; et ce désavantage s'accroîtrait encore par la facilité que les fabricans étrangers auraient à exporter ensuite de France les produits de leurs manufactures, en se faisant payer par le trésor français le remboursement d'un droit qu'ils n'auraient pas acquitté.

Ainsi, il ne peut être douteux que M. le directeur-général aurait été le premier à repousser le projet d'un droit sur les fers, sur les papiers, sur les cuirs, sur les huiles, sur le transport et sur les étoffes, s'il avait pu entrevoir tous les désavantages qui en résulteraient pour les manufactures françaises, *dont le mouvement* (suivant ses propres expressions) *est destiné à réparer nos désastres*.

J'en trouve de nouvelles preuves, en continuant le discours de M. le directeur-général.

« Le droit est établi dans les seuls établissemens publics qu'on puisse surveiller sans inconvéniens et *sans vexation* : dans les moulins à foulon, pour les tissus de laine ; dans les blanchisseries, pour les tissus de lin et de chanvre. »

Combien les rédacteurs du projet se

sont écartés des intentions de M. le directeur-général !

Assurément les tanneries, les forges, les fabriques de papiers, les moulins à huile ne sont pas des établissemens publics : cependant les exercices de la régie y sont ordonnés. Les maîtres de forges ne pourront mettre le feu à leur fourneau sans prévenir la régie, afin qu'un de ses commis puisse être présent à la mise de feu (art. 170). Ils seront tenus d'avoir des registres cotés et paraphés par les juges de paix (art. 172), et de payer des ouvriers pour peser les fontes chaque fois que cela conviendra à la régie (art. 125), etc. Les tanneurs devront appeler les employés à chacune de leurs opérations (art. 192); et, d'après l'art. 190, *ils devront même se soumettre aux divers procédés de fabrications qu'il plaira à la régie de leur imposer*. D'après l'art. 256, les opérations du foulon et du blanchiment pourront être interrompues par les employés de la régie (ce qui altérerait les qualités, et ferait avarier les draps). Par l'art. 257, les draps et les toiles ne pourront être enlevés des moulins à foulon ou des blanchisseries, sans être conduits immédiatement à la régie, pour y être mesurés et soumis au droit; ce qui obligera de faire sécher les étoffes foulées, avant de les porter à la régie, et exposera les blancs à être gâtés dans les bureaux de l'administration. Or, vous vous rappellerez, Messieurs, que le foulonnier n'a point d'étentes pour faire sécher les draps, et qu'il rend d'ailleurs les étoffes mouillées au fabricant, parce que celui-ci les renvoie souvent quatre et cinq fois au foulon; que les fabricans ou les marchands ont également besoin de voir leurs toiles en sortant de la blanchisserie, afin de les y renvoyer, si le blanc est mal réussi ou dans une nuance qui ne peut leur convenir, etc., etc.

L'esprit le plus subtil concevrait difficilement l'ensemble des vexations auxquelles la perception des nouveaux droits donnerait lieu; et dans un siècle de lumières, et surtout sous un gouvernement paternel, l'on a de la peine à se persuader qu'on puisse vous proposer des mesures d'une fiscalité aussi révoltante; car, vous n'en pouvez douter, Messieurs, elles porteraient le découragement dans toutes les classes industrieuses, et mécontenteraient la nation.

M. le directeur vous a dit, Messieurs, « qu'il résultera, des mesures d'exécution, » *une diminution de plus de moitié dans le*

» *montant total des droits nouveaux*, et que, » renonçant à la marque et à la faculté de » visiter les débiteurs, *il y a peu de moyens » d'empêcher le droit d'être souvent fraudé.* » Or, je vous le demande, Messieurs, donnerez-vous votre assentiment à des mesures aussi vexatoires et aussi nuisibles aux manufactures, lorsque M. le directeur-général qui vous présente le projet, vous déclare lui-même *que la moitié du droit sera fraudée :* ainsi le fabricant honnête qui payera exactement le droit, sera nécessairement ruiné, parce qu'il ne pourra soutenir la concurrence des manufacturiers qui le frauderont. Enfin, la perception de tels droits ne serait-elle pas d'une immoralité révoltante ?

M. le directeur-général a cru devoir proposer de mettre un impôt sur le transport des marchandises. « Un centime par quintal métrique, et par lieue de poste, lui a paru, » dans la détresse de l'état, une ressource » facile à percevoir, et, *ce qui est surtout » essentiel, n'entraînant aucune vexation dans » son exercice.* »

Dabord, le droit de 1 cent. n'est pas un droit modéré; car il doit égaler, suivant l'aveu même de M. le directeur-général (f°. 22 de son exposé), 10 p. % du prix du transport des marchandises par roulages de terre et par eau. Or, cette augmentation de prix ferait un tort affreux à l'industrie. Citerais-je les sels, qui, dans les marais, valent 3 fr. les 100 kil.; les couperoses, qui ne coûtent généralement que 16 fr. les 100 kil.? etc., etc. Par le droit sur le transport, la valeur primitive des sels pourrait être augmentée de 100 p. 100, et le prix des couperoses de 38 p. 100. N'est-il donc pas évident que si vous approuviez ce droit, la Suisse et une partie de l'Allemagne, qui tirent de l'intérieur de la France des denrées et des matières exotiques et indigènes, les feraient venir d'Italie ou de la Belgique, parce que le transport par ces deux royaumes serait plus économique que par la France ?

Tous les peuples qui ont voulu favoriser l'industrie, ont cherché à diminuer le prix du roulage. L'Angleterre et la Hollande ont particulièrement apprécié que le transport par eau offrait une grande économie sur celui par terre; et, en conséquence, ces deux pays ont été coupés en tous sens par des canaux. On les a fait avec une très-grande économie en Angleterre; et ils y sont tellement nombreux et multipliés, que tous les transports se faisant maintenant par eau, l'on ne rencontre plus de rouliers sur les grands chemins.

La France est bien loin de posséder les mêmes avantages; et cependant ce serait dans le moment où le gouvernement a plus que jamais besoin de favoriser les développemens de l'industrie, que l'on mettrait un droit de 10 pour 100 sur le prix du transport! droit qui s'éleverait jusqu'à 100 pour 100 de la valeur de certaines marchandises, et qui, d'ailleurs, contre toute raison, serait plus considérable sur les transports par eau que sur ceux par terre.

En effet, le droit étant d'un centime par 100 kilogrammes et par lieue de poste, il arriverait, par exemple, qu'une marchandise venant de Rouen à Paris par eau, serait assujétie à 1 fr. 20 c. de droit par 100 kilogrammes, parce que la rivière parcourt 120 lieues entre ces deux villes; tandis que le droit ne serait que de 30 c. par le roulage (la route de terre n'ayant que 30 lieues).

Ainsi, le droit, tel qu'il est proposé, devant renchérir le transport par eau, aurait un résultat absolument contraire à celui que cherchent tous les gouvernemens.

Vous serez également surpris, Messieurs, de voir, par l'article 172, que le charbon de terre ni la tourbe, qui sont des combustibles indispensables à l'industrie, ne seraient pas affranchis du droit, tandis que les rédacteurs du projet ont accordé cette exemption aux chargemens de bois de chauffage ou de construction, aux pierres, etc.

N'en doutez pas, Messieurs, toutes ces considérations ont échappé à M. le directeur-général des contributions indirectes.

Il s'est également abusé, lorsqu'il a pensé que ce droit *n'entraînerait aucune vexation.*

L'art. 263 « rend les propriétaires de voi- » tures de roulage responsables des conduc- » teurs envers la régie.... » Cette responsabilité est une véritable vexation.

L'article 270, qui n'accorde qu'aux seuls commissionnaires le droit de signer les lettres de voiture, leur donne un privilége qui est nuisible au commerce (1).

L'art. 272 oblige « les commissionnaires » ou entrepreneurs de roulage d'acquitter » les droits avant le départ de la marchan- » dise; » et l'art. 274 exige « des voituriers

(1) Le mémoire de la Chambre de commerce d'Amiens justifie parfaitement cette assertion. Il prouve également que plusieurs dispositions du projet sont contraires au Code de commerce.

» venant de l'étranger le paiement des droits
» de transport au premier bureau de la régie
» placé sur la route qu'ils auront à par-
» courir. »

Les rédacteurs du projet ignoraient sans doute que les frais de transport ne se payent qu'à l'arrivée des marchandises; que l'on nuit au commerce, lorsque l'on commande le changement de ses usages; que si les articles 272 et 274 étaient adoptés, les commissionnaires de roulage, et surtout les voituriers venant de l'étranger, seraient le plus souvent dans l'impuissance d'acquitter les droits; enfin, que s'ils empruntaient pour les payer, ils exigeraient nécessairement pour leurs avances un intérêt qui augmenterait encore le prix du transport.

M. le directeur-général des douanes vous a dit, Messieurs (f°. 5 de son discours), « que
» le droit de transport généraliserait une
» taxe établie l'année dernière dans l'intérêt
» de notre navigation, et *destinée* ainsi *à lui*
» *procurer une protection plus étendue*..... »
Mais l'erreur de M. le directeur-général des douanes est bien évidente, puisqu'il vient de vous être démontré que le droit ne serait nullement dans l'intérêt de la navigation, et que, loin de lui procurer une protection plus

étendue, il aurait l'effet contraire, et serait tout à la fois vexatoire et impolitique....

Par tant de motifs réunis, vous rejeterez donc, Messieurs, le droit sur le transport...

Quant au droit de licence, vous reconnaîtrez, Messieurs, qu'il serait d'une injustice criante.

A qui le demande-t-on? A toutes personnes qui payent patente, qui acquitteraient des droits énormes, et seraient assujétis à des exercices vexatoires portant avec eux le découragement, et menaçant de leur ruine tous les individus honnêtes qui ne chercheraient pas à se soustraire à ces impôts onéreux.

La France éprouve de grands besoins sans doute! Mais par quelle fatalité faudrait-il que tant de branches d'industrie qui donnent du travail à la moitié des classes ouvrières, dussent seules supporter 39 millions de charges extraordinaires? Doit-il y avoir des distinctions onéreuses entre des Français, lorsqu'il s'agit de sauver la patrie et d'assurer son indépendance? Non, assurément: ainsi, Messieurs, la justice et la politique vous porteront à rejeter les droits que l'on vous propose.

D'ailleurs, ils ne remplissent aucunement les deux conditions sans lesquelles M. le directeur-général vous a dit qu'un impôt ne pouvait être adopté. Je vous rappellerai, Messieurs, les propres expressions de M. le directeur-général, et vous y trouverez une arme terrible qui doit renverser les nouveaux droits. M. le directeur-général vous a dit (fo. 15 de son discours) : « Il semble que dès » qu'un impôt accomplit les deux conditions, *d'être perçu sans vexation*, et de *ne* » *pas tarir sa propre source, en attaquant* » *quelqu'une des causes de la richesse natio-* » *nale*, cet impôt, par cela seul, est admis- » sible. »

Or, les nouveaux droits ne pourraient être perçus sans vexation ; ils tariraient leur propre source, en attaquant les causès de la richesse nationale. Donc ces droits ne sont pas admissibles.

Dans un autre passage, M. le directeur-général a dit encore : « Lorsque, dans des cir- » constances imprévues, on est obligé d'ac- » croître tout à coup le revenu de l'Etat, » une contribution indirecte ne peut point » promettre un résultat prochain et assuré ; » elle peut diminuer la consommation, être » vaincue par la fraude, ne pas trouver » de soumission ; tout y est incertain et pro- » blématique, du moins quant à la quo- » tité. . . » M. le directeur-général emploie cette raison pour justifier la continuation des nouveaux droits pendant cinq ans. Vous vous en servirez, Messieurs, pour *repousser un impôt* (*dont la moitié serait fraudée, de l'aveu de M. le directeur-général lui-même*), et qui peut-être, à force de vexations, pourrait être perçu avec quelque exactitude seulement à l'époque à laquelle ces droits devront cesser d'exister.

Que deviendraient alors les milliers d'employés qui auraient trouvé, dans les produits des nouvelles places de la régie, des moyens d'existence pour eux et leur famille ? Ils seraient des mécontens dangereux, et cependant on ne pourrait leur sacrifier l'aisance, la richesse et la propriété de l'État.

Ah ! Messieurs, gardez-vous de toute mesure qui peut faire naître des mécontentemens ! Après vingt-cinq années de discordes civiles, et sous le règne d'un Prince qui regarde tous les Français comme ses enfans, n'est-ce pas à vos yeux un besoin, un devoir de n'adopter que des mesures qui réunissent toutes les opinions, tous les sentimens, et protègent les enfans du meilleur des Rois, en raison de leur utilité et des services qu'ils rendent à la patrie...

Pleins de confiance dans vos lumières et

dans l'esprit qui vous anime, les Français se soumettront aux impôts que vous aurez arrêtés; mais songez que les vexations et les difficultés d'exécution feront naître la plainte. Elle ne sera d'abord que l'expression de la souffrance; bientôt recueillie par l'indiscrétion et la malveillance, elle sera répétée partout, et toujours avec amertume, ou sous des formes dangereuses. L'esprit public sera anéanti; et la tranquillité et l'indépendance de la France seront menacées...

Mais détournons nos regards d'un si triste tableau. Vous êtes venus pour sauver la patrie; vous remplirez cette fonction digne de vous et de la nation qui vous contemple......

Avant de vous présenter, Messieurs, quelques idées sur les moyens de procurer 39 millions à l'état, d'une manière plus égale et plus juste que par les nouveaux droits qui vous étaient proposés, je vais mettre sous vos yeux la comparaison des principes invoqués par M. le directeur-général des douanes, avec les dispositions du nouveau tarif qui vous est soumis.

M. le directeur-général des douanes (f°. 4 de son discours à la chambre) a dit : « L'in-
» térêt du fisc n'est que secondaire : la pre-
» mière condition des douanes est *que le tra-*

» *vail et le commerce soient protégés ; et jamais* » *la France n'éprouva plus fortement la néces-* » *sité que cette condition fût remplie.* » Après avoir entendu M. le directeur-général des douanes proclamer à votre tribune ces vrais principes de l'économie politique, n'aurez-vous pas trouvé, Messieurs, plusieurs contradictions manifestes entre ces principes et leur application dans le nouveau tarif de douanes.

Et, en effet, M. le directeur-général vous a observé (f°. 5 de son discours), « qu'il a » fallu faire rentrer dans le plan du tarif » général les articles qui en avaient été » distraits comme *fortuitement.* » (Parmi ceux-ci, se trouvent particulièrement la cochenille, les bois de teinture, les cotons en laine et les toiles.)

Or, Messieurs, vous n'admettrez pas assurément que ce fut à tort que le 17 décembre 1814, l'on réduisit au simple droit de balance celui qui existait sur la cochenille, les bois de teinture et les cotons.

Cette résolution *n'a pas été prise fortuitement;* elle fut la conséquence nécessaire de ce principe, que les matières premières (que le sol français ne produit pas) doivent entrer librement, parce que des droits renchériraient le prix des marchandises fabriquées, et nuiraient à leur vente à l'extérieur et dans l'intérieur, et que le gouvernement a le plus grand intérêt à favoriser l'un et l'autre débouchés. Cet axiome est encore consacré de nouveau par M. le directeur-général des douanes, puisqu'il déclare « *que la première » condition des douanes est que le travail et » le commerce soient protégés, et que jamais » la France n'éprouva plus fortement la né» cessité que cette condition fût remplie.* »

Je puis également vous rappeler, Messieurs, cet autre passage du discours de M. le directeur-général, lorsque, reportant votre pensée au temps où la tyrannie se saisit des douanes, il vous a dit « *que les droits* » qui existaient à cette époque, *ajoutaient » chaque jour à l'effroi et à la ruine du com» merce de la France; qu'un des premiers » actes de la restauration fut d'abandonner ce » système funeste*, et que la loi qu'on vous » propose, doit être le complément de l'or» donnance du 23 avril et de la loi du 17 » décembre 1814. »

Cependant ces expressions sont évidemment en opposition avec l'art. 2 du nouveau tarif... Comment, en effet, pourrait-on prétendre que l'impôt à l'introduction de la cochenille, des bois de teinture et des huiles de poisson, ne serait pas nuisible à l'industrie, et qu'il n'entraverait pas nos échanges avec l'étranger? Existe-t-il aucun moyen de rendre, à la sortie des étoffes bleue, écarlate, rose ou cramoisi, et de même à l'exportation des peaux, le droit que l'on voudrait percevoir à l'entrée de l'indigo, des bois de teinture, de la cochenille et des huiles de poisson?

Non certainement : il sera donc évident que l'augmentation du prix des marchandises fabriquées, augmentation à laquelle donnerait lieu en France la perception d'un droit sur les matières premières que je viens de désigner, serait une prime véritable en faveur des fabricans étrangers, qui verraient alors accroître en leur faveur les avantages et les facilités qu'ils ont déjà d'introduire en France leurs produits manufacturés.

Quant au droit sur le coton en laine, j'aurai l'honneur, Messieurs, de vous soumettre le parallèle de la position des fabriques anglaises, et de celles françaises qui emploient le coton (1).

En Angleterre, le commerçant qui exporte des étoffes de coton, reçoit une prime de 24 s.

(1) J'ai emprunté ces observations à l'un des mémoires qui vous ont été présentés par M. Oberkampf.

par livre pesant : il faut en déduire, il est vrai, 4 s. pour le remboursement du droit d'entrée; mais il reste au fabricant une prime de 20 s. par livre de coton manufacturé; (ce qui diminue d'autant la valeur primitive de la matière première.)

En France, au contraire, non-seulement les fabricans ne toucheraient pas la prime de 20 s. lors de leurs exportations, mais ils auraient à payer, à l'entrée des cotons en laine, un droit de 4 à 5 s. ½ par livre. Nos étoffes de coton ne pourraient donc soutenir à l'étranger la concurrence des mêmes produits venant d'Angleterre; et lorsque la fraude a lieu en France avec une telle impunité, que la prime d'assurance y est tombée, suivant les localités, à 10, à 8 et à 5 p. %, il est facile de concevoir qu'une taxe sur le coton en laine donnerait aux contrebandiers un avantage égal à l'importance du droit, et, en conséquence, qu'*elle tarirait dans l'Etat une des sources de la prospérité* (1).

(1) Cette taxe serait d'ailleurs injuste, puisqu'elle atteindrait inégalement les cotons d'Amérique courtes soies et ceux longues soies.

En effet, 50 fr. de droit,
et 5 de subvention,

ensemble 55 fr., font près de 14 p. % de la valeur des cotons courtes soies, évalués

Le projet promet une prime à la sortie des étoffes de coton ; mais cette prime serait insuffisante, excepté sur les marchandises fabriquées avec les lainages de nos colonies ; et certes, elles nous fournissent bien peu de cotons.

Le déchet que subit cette matière première à la fabrication, au blanc et à la teinture, s'évalue de 20 à 30 p. %. Or, le droit d'entrée des cotons du Levant

est porté à . . . . 40 f.
le 10e. de subvention
est de 4
Ensemble. 44

ajoutez-y 30 p. % de déchet,

ou . . . 13, et vous reconnaîtrez, Messieurs, que la prime ne pourrait être suffisante, qu'autant

qu'elle serait de. . . 57 f. par quintal métrique d'étoffes fabriquées avec le coton du Levant.

Faisant les mêmes calculs pour les lainages d'Amérique, si au droit d'entrée

environ à 400 fr. les 100 kil. ; et plus de 9 p. % de la valeur des longues soies, qui valent environ 600 fr. les 100 kil.

de. . . . . 50 fr., vous ajoutez le
10e. de subvention . . 5

Ensemble. . . . . 55 et 25 p. % pour
le déchet. . . . . 12, il vous sera démontré que la prime à la sortie des étoffes

devrait être de. . . . 67 f. par 100 kil., pour procurer véritablement le remboursement du droit d'entrée sur les cotons d'Amérique.

M. le directeur-général vous a dit « que » l'ordonnance du 23 avril 1814, et la loi » du 17 décembre suivant, qui en fut le dé» veloppement, nous reportèrent aux saines » idées oubliées depuis 1791. »

Comment, après une déclaration aussi solennelle, serait-il possible de recourir à des principes contraires, en rétablissant ou en conservant par des droits sur le coton, la cochenille, l'indigo, les bois de teinture, les huiles de poisson, etc., etc., des mesures tellement funestes à l'industrie, que, *pour l'en affranchir*, le gouvernement n'a pas hésité, en 1814, *à faire supporter une perte de 40 millions au seul commerce de matières et étoffes de coton.*

Quant aux toiles écrues, le droit d'entrée de 50 fr. par quintal métrique est bien certainement dans l'intérêt de nos manufactures; mais il ne peut suffire pour balancer la différence du prix qui existe entre les toiles d'Allemagne et les nôtres.

Le droit étant établi sur le poids, il en résulte que les toiles de la Saxe et de la Silésie, (particulièrement les toiles écrues cylindrées pour doublure), qui sont d'un tissu fin et léger, payent, à 50 fr. le quintal métrique, à peine 3 p. % de leur valeur, lorsqu'il est bien reconnu que 10 pour % ne suffiraient pas à nos fabriques pour vendre leurs toiles en concurrence avec celles de l'Allemagne. Je propose donc de substituer au droit de 50 fr. par 100 kil., 6 (ou 8) p. % de la valeur déclarée.

Les mêmes considérations peuvent être reproduites avec plus de force encore à l'égard des toiles blanches.

MM. les fabricans de Laval ont fait valoir avec beaucoup de raison que le droit d'entrée des toiles blanches, qui est de 120 fr. par quintal métrique, atteint les toiles communes beaucoup plus que les toiles fines: ce qui est impolitique, puisque les premières sont consommées par les classes les moins fortunées, et procurent à la nation moins de travail productif que les toiles fines.

L'on pourrait substituer au droit de 120 fr. par quintal métrique, à l'introduction des toiles blanches, celui de 8 (ou 10) p. $\frac{0}{0}$ de la valeur déclarée (1).

M. le directeur-général a posé l'axiome suivant :

« C'est un fait maintenant constaté que dé- » fendre l'industrie du pays, et enrichir le » trésor de l'état, ne sont pas deux pensées » inconciliables. »

Cette assertion est très-fondée.... Le gouvernement, qui met des droits à l'introduction des denrées exotiques pour faire préférer la consommation des denrées indigènes, favorise bien certainement l'industrie nationale, et en même temps il enrichit le trésor de l'état du montant des droits perçus.

Il est donc très-politique d'assujétir à des droits l'introduction des cafés, des sucres, du poivre, du piment, des cloux et queues de girofle, etc.

---

(1) Il peut être permis de s'étonner que l'introduction des toiles blanchies ne soit pas entièrement prohibée. La diminution des blanchisseries de toiles semblerait mériter cette faveur; et l'on ne peut oublier que c'est à la prohibition des calicos que la France a dû l'extension prodigieuse de leur fabrication.

Vous penserez, Messieurs, avec M. le directeur-général, que ce serait diminuer d'une manière trop sensible la consommation de ces denrées, et en même temps donner un nouvel appât à la fraude, que d'élever sans mesure les impôts sur ces produits exotiques; mais je ne doute pas cependant que si les mesures répressives étaient mieux exécutées, il serait possible d'élever les droits projetés (particulièrement sur le sucre, le café et le poivre) de 5 f. à 10 f. par 100 kil., sans avoir à craindre que cette augmentation ne nuisît au paiement de l'impôt (1).

« Il nous restait à compléter le tarif d'en-
» trée par une mesure de faveur pour la na-
» vigation française; et c'est l'objet de l'ar-
» ticle 8, dont on appréciera facilement l'im-
» portance et les avantages. »

Un tableau divise en six sections tous les produits passibles d'un droit d'entrée; et, d'après ce tableau, les marchandises importées par navires étrangers supporteraient une

---

(1) Il ne peut être douteux que des mesures plus sévères, en augmentant les risques des contrebandiers, feraient hausser le taux des primes d'assurance: alors le paiement de droits plus élevés se trouverait assuré.

augmentation de droit de 10 pour $\frac{0}{0}$ sur les premiers 50 fr.; de 1 à 6 pour $\frac{0}{0}$ (suivant la section à laquelle appartiendrait la marchandise introduite) sur les sommes de 51 f. à 150 f.; et de $\frac{1}{4}$ à 4 pour $\frac{0}{0}$ sur les sommes de 151 f. à 300 f.; enfin, aucune augmentation n'aurait lieu sur l'excédant de 300 f.

Je n'apprécie ni l'utilité ni la convenance de toutes ces distinctions, qui ne présentent pas un sens clair, et qui rendraient d'ailleurs inégale l'augmentation de droits que supporteraient les marchandises importées par navires étrangers. En effet, cette augmentation varierait de 5 $\frac{1}{2}$ à 10 pour $\frac{0}{0}$.

Vous remarquerez, Messieurs, que, par le projet, le tarif de sortie n'éprouvant aucun changement lors des expéditions par navires étrangers, la marine française n'obtiendrait aucun encouragement par le commerce d'exportation.

Il semble donc que le but que s'est proposé M. le directeur-général, se trouverait mieux rempli, si l'on augmentait de 10 (ou de 8) pour $\frac{0}{0}$ les droits sur toutes les marchandises importées par navires étrangers; et de 5 (ou de 4) pour $\frac{0}{0}$ les droits des marchandises qu'ils exporteraient.

Ce mode est simple; et il garantit à la marine française l'encouragement qui lui est maintenant si nécessaire.

Si, enfin, Messieurs, vous considérez les motifs qui ont déterminé M. le directeur-général à changer le tarif des droits de sortie, vous reconnaîtrez que cette partie du projet renferme de très-grandes améliorations, et se trouve parfaitement d'accord avec cette phrase remarquable de M. le directeur-général (f°. 5 de son discours.)

« Il convient d'approprier, *sans aucune* » *combinaison fiscale*, aux seuls intérêts de » notre agriculture et de notre industrie, » le tarif de sortie qui a jusqu'ici resserré » l'une et l'autre dans des bornes trop étroi- » tes, et qui ne peut, dans aucun cas, offrir » au fisc des revenus de quelque impor- » tance. »

Néanmoins, Messieurs, vous trouverez que la sortie des cuirs en vert ou salés serait une fausse application du principe invoqué, parce qu'il est bien constant que l'agriculture française ne fournit pas assez de cuirs pour la consommation du royaume.

Vous maintiendrez donc la prohibition qui existait à la sortie des cuirs en vert ou salés. De même vous réduirez de moitié le droit proposé à l'introduction des peaux de cheval, parce que sa valeur est de moitié moindre que celle des cuirs de bœufs.

Par contre, vous reconnaîtrez, Messieurs, que les droits

<table>
<tr><td>de 1 fr. par 100 kil. sur les laines non filées (art. 13, section 1re. du tableau n°. 4),
de 5 fr. par 100 kil. sur celles filées teintes,
de 10 fr. par 100 kil. sur celles filées blanches,
et de 12 fr. par 100 kil. sur celles non filées teintes,</td><td>à leur sortie de France,</td></tr>
</table>

sont absolument insuffisans.

Les Anglais prohibent, *sous peine de mort*, la sortie de leurs laines, afin de favoriser leurs manufactures de lainage; et nous, renonçant en quelque sorte à la fabrication des étoffes que nous pourrions exporter, nous permettrions la sortie de nos laines lavées, filees ou teintes, moyennant les droits modiques de 1 c, 5 c, 10 c, et 12 cent. par kil. ! ! Une pareille disposition serait inconvenante et impolitique, puisqu'elle nuirait aux manufactures françaises... Vous la rejeterez donc.

D'après la loi du 17 décembre 1814, les laines teintes non filées, et celles filées blanches, propres à la tapisserie, payaient 20 f. 40 c.; ces dernières, étant teintes, étaient assujéties à 51 f. de droit d'exportation. Vous ne trouverez, Messieurs, aucun motif pour réduire ces droits, desquels seulement on peut retrancher la fraction des 40 cent[es]. . . Par cette même loi du 17 décembre, qui confirmait celle du 25 novembre précédent, la sortie des laines communes était prohibée. Les laines mérinos et métisses acquittaient un droit de sortie de 30 f. par quintal métrique, et les mêmes matières en suint payaient 15 f. par 100 kil.

Loin de réduire ces droits, il serait dans l'intérêt de nos manufactures de les augmenter au moins de moitié; et certes, l'agriculture n'aurait aucun motif de regrets, si vous portiez le droit de sortie des premières à 45 f., celui des secondes à 22 f.; et enfin celui des laines lavées à 5 f. par 100 kil.

Je dois appeler aussi votre attention sur la permission (accordée par la loi du 25 novembre) d'exporter les moutons mérinos.

Cette permission procure aux nations étrangères les moyens de former des troupeaux qui leur fourniront en peu d'années la plupart des matières premières qui leur manquent.

L'exportation des moutons mérinos faisant entrevoir une époque peu éloignée, à laquelle nous n'aurions plus à fournir aux nations étrangères ni laines fines, ni étoffes de laine, cette considération importante vous déterminera, sans doute, à prohiber la sortie des moutons mérinos (1).

---

(1) Je dois à M. Mertian, membre du conseil-général des manufactures, les réflexions suivantes sur le projet d'un droit de 30 fr. par quintal métrique, à l'entrée des bois d'ébénisterie, et particulièrement de l'acajou, soit en arbres, en madriers, en planches, ou en feuilles de placage.

« Cette disposition ne ferait supporter aucune augmentation de droits aux bois qui auraient subi à l'étranger des mains-d'œuvre considérables.

» Or, il est reconnu qu'un arbre scié en madriers ou en planches perd du tiers au demi de son poids, tant par les traits de scie, que par le contact de l'air. Scié en feuilles de placage, il en perd les trois quarts.

» Ainsi, l'acajou en madriers et en planches (celui en blocs et en arbres étant taxé à 30 fr.) ne payerait effectivement que 15 à 20 fr., et celui en placage que 7 fr. 50 cent.

» On paye, à Paris, 2 fr. par kil. du bois qu'on remet au scieur, pour le débiter en feuillets de placage. Le scieur rendant en feuillets à peu près le quart du bois qu'on lui a donné, le kil. de placage coûte ainsi 8 fr. de main-d'œuvre. C'est donc 8 fr. que

» perd l'industrie française par chaque kil. d'acajou » qni est importé en cet état.

» Vous voudrez, Messieurs, conserver à la France » une main-d'œuvre aussi avantageuse que la fabri- » cation des tissus ordinaires de coton, dont l'intro- » duction est prohibée. En conséquence, il vous pa- » raîtra convenable de n'approuver le droit d'entrée » de 30 fr. par quintal métrique, que sur les seuls » bois de marqueterie, d'ébénisterie et d'acajou, en » bloc, dont la plus petite dimension serait de 12 » pouces.

» Vous imposerez à 90 fr. par 100 kil. le bois » d'acajou en madriers et en planches, d'une épais- » seur moindre que 12 pouces.

» Enfin, vous prohiberez l'entrée de l'acajou en » feuilles de placage.

« Avant le tarif de 1814, l'acajou était soumis » au droit de 50 fr. par quintal métrique. Aucune » réclamation n'eut lieu contre ce droit. Si vous le » rétablissiez sur l'acajou en bloc, vous éleveriez, » sans doute, à 150 fr. celui de l'acajou en planches » et en madriers. »

DEUXIÈME PARTIE.

En résumant toutes les observations qui précèdent, le ministère espère obtenir par les nouveaux droits un produit brut de 47,000,000

Desquels il déduit le sixième pour frais de perception . . . 7,833,333

Ainsi, il demande 47 millions pour avoir 39,166,667

De plus, il compte sur un accroissement de 15 millions dans les produits des douanes; mais si, négligeant les augmentations de produits que l'on obtiendrait par les changemens que je viens de proposer, vous rejetez, Messieurs, le droit sur les cotons en laine, droits que l'on évalue à 4,000,000

le gouvernement aura besoin de 43,166,667

pour balancer le budget de 1816.

Je crois avoir suffisamment démontré que l'on ne doit chercher à obtenir cette somme ni par un impôt sur les cotons en laine, ni par les nouveaux droits qui vous étaient proposés, (dont la moitié au moins eût été fraudée, de l'aveu même du ministère), et qui, devant vexer et décourager l'industrie, tariraient les sources de la prospérité. J'ajouterai que les ministres n'ayant eu aucune base pour apprécier les produits de ces nouveaux droits, rien ne pourrait garantir au gouvernement qu'ils lui procureraient les 47 millions dont il a besoin.

Si le gouvernement, ayant à combler le déficit des 182 millions qui manquaient pour balancer le budget de 1816, s'était formé des bases pour répartir cette charge extraordinaire sur toutes les classes de la société, et que, dans cette répartition, la part de l'industrie manufacturière fût de 39 ou de 43 millions, l'on serait réduit, sans doute, à réaliser cette somme par un impôt sur les manufacturiers; mais quand il demeure constant, au contraire, que le gouvernement n'a cherché ni adopté aucune base de répartition, que les nouveaux droits n'atteindraient que diverses branches d'industrie, (et dans des proportions extrêmement inégales); enfin, que ces assertions se trouvent justifiées d'une manière irrécusable par le discours même de M. le directeur-général des contributions indirectes (1), il vous semblera indispensable, Messieurs, de préférer le mode d'impôt qui sera le moins onéreux à la généralité des Français.

Les propriétaires et les fermiers étant depuis long-temps accablés de réquisitions et de contributions, il vous paraîtra, sans doute, bien difficile d'augmenter la contribution foncière.

De même, quand vous réfléchirez à toutes les pertes que l'industrie et le commerce ont supportées, à la quantité prodigieuse de faillites qui ont eu lieu parmi les fabricans et les négocians (par suite des crises commerciales qui ont bouleversé le commerce), à la pri-

---

(1) Il vous a dit, folio 5 de son discours : « Aujourd'hui l'administration n'a eu à résoudre que » ce triste problème : retirer le plus possible de tous » les impôts, et atteindre de tous côtés la limite des » charges que peut supporter le contribuable... Ce » sont des tributs, et non des impôts, que nous avons » la douleur de vous proposer... » Que ce soient des impôts ou des tributs, il sera toujours juste et politique de les répartir avec équité...

vation des capitaux considérables que les négocians français ont la douleur de voir accrochés depuis plusieurs années en Espagne, en Italie et en Allemagne) capitaux dont la rentrée est plus que jamais problématique), à la perte énorme que l'abolition des droits de douane de 1810 a fait éprouver, en avril 1814, aux manufactures et au commerce français, à la nécessité d'entretenir et d'encourager tous les développemens de l'industrie, afin que la valeur et la location des biens ruraux, des maisons et des usines, n'éprouve point un décroissement résultant de la diminution du travail; quand vous considérerez, Messieurs, que la double invasion du sol français dans un espace de 16 mois, a fait éprouver des privations et des pertes considérables, et en conséquence a diminué les débouchés et la consommation de l'intérieur; que les $\frac{19}{20}$ de la nation sont directement intéressés aux succès de l'industrie manufacturière et agricole; que les droits d'enregistrement augmenteront ou décroîtront suivant l'accroissement ou la diminution de l'industrie; enfin, que le commerce d'exportation, à peine rétabli, n'a pu avoir jusqu'ici aucun résultat important; et cependant *que les bénéfices de l'industrie française peuvent seuls réparer nos désastres*, vous resterez intimement persuadés qu'il serait impolitique d'établir de nouveaux impôts sur l'industrie.

Mais comme ces réflexions n'ont nullement pour objet d'éviter à aucune classe de citoyens de concourir au paiement des charges qui pèsent aujourd'hui sur la France, j'aurai l'honneur, Messieurs, de vous soumettre onze moyens qui pourraient procurer au gouvernement les quarante-trois millions dont il a besoin.

Chacun des trois premiers moyens parviendrait à ce but, sans peser sur aucune classe de la société.

Le premier consiste dans la création d'une caisse d'emprunt indépendante, à la disposition de laquelle on mettrait des immeubles pour emprunter sur hypothèque.

Le second, à faire emprunter par les communes (qui ont des octrois), en leur concédant des immeubles au denier 30 (ou 27) franc d'imposition.

Le troisième, dans l'émission de nouvelles rentes, mais en affectant à la caisse d'amortissement un revenu égal au 10e. du capital de ces nouvelles rentes.

Les trois suivans obtiendraient les mêmes

résultats, mais ils augmenteraient les charges de tous les Français.

Le quatrième consiste dans l'augmentation de la contribution mobilière et personnelle.

Le cinquième, à augmenter d'un décime le droit sur le sel.

Le sixième, à établir un droit unique sur les boissons, et à supprimer les exercices des droits-réunis, excepté aux lieux de fabrication.

Enfin, les cinq derniers moyens offrent plusieurs modes d'impôts qui ne peseraient que sur plusieurs classes de citoyens.

Le septième consiste à régulariser le mode des cautionnemens sur une base relative aux produits des places.

Le huitième, à doubler les patentes, en faisant supporter cette augmentation en proportion des facultés.

Le neuvième, à établir un droit sur les peaux.

Le dixième, à nationaliser, moyennant le paiement d'un droit de 15 (ou de 20) pour cent, les produits manufacturés de l'étranger, qui sont maintenant en France.

Le onzième, à estampiller tous les produits des manufactures françaises, qui en sont susceptibles. 4

Impôts qui ne peseraient sur aucune classe de la société.

PREMIER MOYEN.

Création d'une Caisse d'emprunt indépendante, en mettant des immeubles à sa disposition, pour emprunter 47,300,000 f. sur hypothèque.

Le gouvernement, dans d'autres temps, a créé des cédules, qui devaient servir à payer les achats de biens des communes; mais la nation n'ayant point de garanties suffisantes, 1°. que le gouvernement n'émettrait point des quantités de cédules plus considérables que la valeur des biens qui devaient être leur gage; 2°. que la vente des immeubles s'effectuerait dans un délai déterminé; 3°. que les cédules rentrées dans les caisses du trésor ne seraient point remises en circulation; enfin, 4°. que le gouvernement ne détournerait point le produit des ventes, en l'employant à un autre usage qu'au remboursement des cédules, ces effets furent bientôt avilis, et la perte qu'ils éprouvèrent diminua de fait le prix des ventes effectuées. Ces divers inconvéniens seraient évités, si le gouvernement créait une caisse d'emprunt (composée et dirigée de la même manière que la nouvelle caisse d'amortissement, dont l'etablissement vous est proposé) et s'il mettait à la disposition de cette caisse d'emprunt une quantité d'immeubles suffisante pour garantir véritablement l'emprunt dont elle serait chargée....

Je supposerai que le gouvernement ait besoin de 43 millions.

Dans cette hypothèse, une loi autoriserait ladite caisse à emprunter non-seulement cette somme, mais encore un 10e. en sus : ensemble 47,300,000 fr.; et pour lui donner les moyens de réaliser l'emprunt, cette même loi mettrait à la disposition de la caisse 3,311,000 fr. de revenu, franc d'imposition, en domaines ruraux. (Ce gage serait bien suffisant, puisque chaque 1000 fr. empruntés se trouveraient garantis par une portion de biens rapportant 70 fr. de revenu franc d'imposition.

L'administration des eaux et forêts désignerait dans chaque département les portions immeubles qui devraient former les 3,311,000 fr. de revenu. Quant à leur évaluation, elle serait arrêtée contradictoirement dans chaque sous-préfecture par des commissions composées du préfet ou sous-préfet, du directeur ou de l'inspecteur des domaines, du conservateur ou de l'inspecteur des forêts, et de trois propriétaires choisis par le préfet parmi les 60 plus imposés de chaque arrondissement. Des inscriptions hypothécaires constateraient les droits qui seraient concédés à la caisse d'emprunt, tant sur les revenus que sur le capital desdits biens.

L'emprunt aurait lieu pour cinq ans, et serait remboursable en quatre paiemens égaux : le premier au bout de deux ans, et les autres d'année en année.

Ces remboursemens seront convenablement garantis, 1°. parce que la caisse ne devant verser que 43 millions au trésor, prélevera le dixième de tous les emprunts qu'elle réalisera, et que ce 10e. lui servira à soutenir le cours de ses effets, et à acheter des rentes dont le capital s'accroîtra progressivement des intérêts échus jusqu'aux époques de remboursement; 2°. parce qu'elle sera autorisée à poursuivre, par la régie des domaines, et suivant les formes en usage, la vente desdits biens, jusqu'à concurrence du capital emprunté; néanmoins lesdits immeubles ne pourraient être adjugés au-dessous du denier 27 ou 25, franc d'imposition.

Le produit des revenus et des ventes serait versé dans la caisse d'emprunt. Les revenus serviraient à payer, de six mois en six mois, les intérêts dus aux prêteurs; et l'excédant des revenus et le montant des ventes donneraient lieu, à la fin de chaque semestre, au remboursement d'une portion du capital. Ce remboursement aurait lieu comme suit:

Les 47 millions seraient divisés en 94 séries, et chaque série de 500,000 fr. se subdiviserait en 500 numéros.

Je suppose qu'il y ait 500,000 fr. à partager : on tire au sort le numéro de la série qui sera remboursée. Si la somme est moindre que 500,000 fr., après avoir tiré au sort le numéro de la série, on procède également, par la voie du sort, pour connaître les numéros (de ladite série) qui seront acquittés.

Quant à la réalisation de l'emprunt, il se ferait par la négociation des effets qui le représentent, et cette négociation serait provoquée par une invitation ou appel du gouvernement aux Français de toutes les classes.

Chaque billet mis en circulation par la caisse d'emprunt, serait négociable, rapporterait tous les 6 mois 3 p. % d'intérêt au porteur, et aurait une hypothèque légale sur les biens mis à la disposition de ladite caisse.

L'emprunt se réalisera avec facilité, parce que les capitalistes de toute la France pourront se procurer des effets de la caisse, non-seulement à Paris, mais chez tous les receveurs-généraux de départemens, qui en seront dépositaires, et rendront compte du produit de leurs négociations à la caisse d'emprunt.

Vous serez convaincus, Messieurs, de la facilité que la caisse aura à trouver des prêteurs, si vous remarquez que dans une année, il y a 308 jours de négociation. Comptons seulement sur 300 jours, et divisons 47,300,000 fr. par 300 ; nous aurons pour quotient 157,666 fr., lesquels devront être négociés par jour ; mais attendu que les receveurs-généraux et la caisse d'emprunt s'emploieront concurremment à trouver des prêteurs, nous devons répartir ces 157,666 f. entre les 85 départemens. Chacun d'eux, l'un dans l'autre, n'aurait donc à négocier que 1854 fr. par jour.

Or, l'on ne peut présumer que dans les 85 capitales de la France, l'on ne puisse trouver à placer par jour 1854 fr. de valeurs à ordre, donnant hypothèque, portant intérêt de 6 p. cent par an, payable de 6 mois en 6 mois; et surtout lorsque le produit des ventes des biens hypothéqués devra servir à payer les termes non échus, et que les escomptes étant répartis par la voie du sort, toute la France saura quelles sont les séries de numéros remboursées : connaissance essentielle, et même indispensable, pour garantir aux prêteurs que les numéros ou séries remboursés, ne pourraient, dans aucun cas, être remis en circulation (1).

Un tel projet mériterait sans doute plus de développemens; mais je ne fais aucun doute que s'il était adopté, il n'est pas en France un seul capitaliste attaché à son pays, qui ne s'empresserait de prendre des effets de la caisse d'emprunt, parce qu'en faisant cet acte patriotique, il ferait une opération utile à ses intérêts; et les étrangers mêmes, lorsqu'ils verront un établissement tout à fait indépendant, et à l'abri de toute influence, leur présenter des valeurs négo-

(1) Les mêmes garanties n'existeraient pas, si les billets de la caisse pouvaient servir à payer des immeubles; car alors il ne serait pas démontré à la nation d'une manière aussi positive, que les billets rentrés ne seraient pas remis en circulation.

ciables, qui réunissent tous les avantages que je viens d'indiquer, apporteront leurs capitaux à la caisse d'emprunt, parce qu'ils n'ont chez eux aucun établissement qui puisse leur inspirer autant de confiance.

Ces effets, négociables, seront d'ailleurs extrêmement utiles au commerce, parce qu'ils remplaceront dans la circulation une partie des 170 millions de numéraire que, pendant cinq ans, nous exporterons chaque année pour payer les puissances étrangères.

Il ne peut être douteux que ces valeurs seraient bientôt admises dans les transactions; car les banquiers et les négocians, qui conservent toujours des fonds en caisse, préféreront des billets portant intérêt, et gagnant chaque jour $\frac{1}{60}$ p. 100, à de l'argent ou à des billets de banque.

Ainsi, je ne serais nullement surpris qu'en raison des avantages que présenteraient aux capitalistes et au commerce les billets de la caisse d'emprunt, ils ne gagnassent au bout de très-peu de mois; c'est-à-dire, que pour avoir un billet de la caisse d'emprunt de 1000 fr., l'on ne donnât plus que cette somme en argent.

DEUXIÈME MOYEN.

Faire emprunter 47,300,000 francs par les communes qui ont des octrois.

Vous pourriez, Messieurs, procurer les 43 millions au gouvernement, en les faisant emprunter par les communes qui ont des octrois. Alors, pour prix de ce service, il paraîtrait convenable, 1°. de concéder, aux communes, des domaines nationaux au denier 30 (ou 27), franc d'imposition; 2°. de leur restituer leurs biens invendus, (ce qui éviterait d'inscrire en leur faveur les 1,500,000 fr. de rentes qui sont compris au budget de 1816; et 3°. de leur accorder le droit de disposer, à l'avenir, d'une portion déterminée de leurs revenus, sous la seule surveillance des préfets.

Les conseils municipaux des villes ayant un octroi, réaliseraient, dans le courant de l'année, leur portion d'emprunt, soit d'après le mode ci-dessus proposé, ou suivant tout autre mode qui leur paraîtrait préférable, et serait approuvé par les préfets.

Vous apprécierez, Messieurs, que la chose la plus nécessaire pour inspirer de la confiance, c'est d'assurer les remboursemens des emprunts aux époques déterminées, et de procurer aux conseils municipaux les moyens de soutenir la valeur de leurs obligations.

Ces deux objets se trouveront remplis, si la loi autorise les conseils municipaux à vendre, au moins au denier 25, les biens à eux concédés, jusqu'à concurrence de la somme qu'ils auront empruntée; et si, prescrivant à ces conseils d'emprunter $\frac{1}{10}$ de plus que la somme dont le gouvernement a besoin, cette même loi met à la disposition des communes, à titre de prêt, des immeubles calculés au denier 20, (franc d'imposition), pour la valeur de ce dixième; et si elle déclare que les conseils municipaux préleveront le montant de ce 10e., et devront s'en servir, soit pour soutenir le cours de leurs obligations, (en les rachetant), soit pour convertir le produit de ces prélèvemens en rentes, dont le capital s'augmenterait progressivement, tous les six mois, des intérêts échus jusqu'aux époques des remboursemens de l'emprunt.

Ainsi, le produit des ventes d'immeubles, et l'augmentation progressive des rentes achetées avec le 10e. des sommes empruntées, garantiraient le remboursement du capital en très-peu d'années.

Une hypothèque générale et spéciale, calculée au denier 20, serait donnée aux prêteurs (1); et tous les billets et obligations des communes indiqueraient le bien affecté en garantie.

Quant au paiement des intérêts, il serait assuré par le privilége que l'on donnerait aux prêteurs de prélever tous les six mois, sur le produit des octrois, le montant des intérêts qui leur seraient dus.

Un tel emprunt se réaliserait facilement, parce qu'il présenterait toutes les suretés désirables, et que, d'ailleurs, toutes les villes qui ont des octrois, concourant à procurer les 47,300,000 fr., la négociation de 1872 fr. par jour dans chaque département (l'un dans l'autre), se trouverait répartie entre trois

---

(1) On objectera peut-être que les communes ne pourront donner une hypothèque au denier 20, puisqu'à ce taux elles n'auront reçu du gouvernement que le dixième de la valeur de l'emprunt, et que les biens à elles concédés en propriété l'auront été au denier 30 (ou 27). Mais je réponds que les communes ont d'autres biens qui pourront leur servir à compléter le gage au denier 20... Je prie, d'ailleurs, d'observer que si l'on rend à toutes les communes leurs biens invendus, ceux qui appartiendront aux communes qui n'ont pas d'octroi, pourront servir, concurremment avec ceux des autres villes de l'arrondissement, pour compléter le gage à donner aux prêteurs.

ou quatre villes par département. Chacune de ces villes n'aurait donc à négocier par jour que 600 f. environ de valeurs portant intérêt à 6 p. $\frac{0}{0}$, et donnant hypothèque.

En comparant ce moyen à celui qui précède, il me semble que le premier est préférable sous plusieurs rapports : 1°. parce que les opérations, partant d'un point unique, seraient dirigées avec plus d'ensemble et d'uniformité ; 2°. parce que les billets de la caisse d'emprunt, étant tous payables à Paris, circuleraient comme effets de commerce dans toute la France ; (ce qui ne pourrait avoir lieu avec les mêmes facilités pour les obligations des communes.)

Mais, d'un autre côté cependant, quelqu'indépendante que puisse être cette caisse d'emprunt, peut-être que les capitalistes des provinces auraient plus de confiance dans l'administration et l'indépendance des conseils municipaux, (composés de leurs concitoyens, de leurs parens, et de leurs amis.) Au reste, il est à remarquer que la caisse d'emprunt, aussi bien que les communes, seraient véritablement propriétaires de la plupart des biens qu'elles auraient hypothéqués.

Ces considérations m'ont déterminé, Messieurs, à vous soumettre l'un et l'autre projets.

TROISIÈME MOYEN.

Créer des rentes, en affectant à la Caisse d'amortissement un revenu égal au dixième du capital de ces nouvelles rentes.

En prenant des exemples chez nos voisins, l'on pourrait facilement combler le déficit de 43 millions, en créant des rentes pour une valeur plus considérable que la somme dont le gouvernement a besoin, et en affectant à la caisse d'amortissement un revenu égal à cet excédant, afin qu'elle pût empêcher les effets du discrédit qui pourrait résulter de cette nouvelle émission de rentes.

Je vais développer cette opinion.

D'après le cours de 60 fr. pour 5 fr. consolidés, il faudrait vendre environ . . . . 3,600,000 fr.
de rentes pour avoir 43 millions. Ajoutons-y $\frac{1}{10}$ ou. . . 360,000
de rentes, pour remplacer 4,320,000 fr. de revenus (en forêts), qui sont le représentatif desdits 360,000 f. de rentes, (au cours de 60 f.), et qui seraient versés dans la caisse d'amortissement; la dette publique se trouverait alors augmentée de . . . . 3,960,000 fr.

de rentes; mais la caisse d'amortissement, recevant annuellement, pendant huit ans, 4,320,000 f. (formant le 10e. du capital de ces rentes), parviendrait très-facilement à éteindre cette nouvelle dette.

Je pense que la loi qui autoriserait l'émission desdits 3,960,000 f. de rentes devrait prescrire au gouvernement de ne vendre chaque mois qu'un 12e. de cette somme, (c'est-à-dire 330,000 f. de rentes), tandis que les 4,320,000 f. seraient prélevés dans les six premiers mois, par la caisse d'amortissement, sur le produit des forêts nationales.

J'insiste pour que la caisse d'amortissement puisse faire ce prélèvement pendant les six premiers mois, (quoique la vente des rentes ne doive se réaliser que successivement pendant tout le cours de l'année), parce que c'est particulièrement dans les premiers mois qu'il importe de soutenir le cours des fonds publics, et d'empêcher les effets du discrédit dont ils pourraient être frappés. Or, il ne sera point à craindre, si, pendant les six premiers mois, la caisse d'amortissement achète le 5e. des rentes que le gouvernement émettra successivement pour obtenir les 47,300,000 f.

Peut-on craindre, en effet, que la vente

de 330,000 f. de rentes, par mois, ait des effets funestes, lorsque cette opération, divisée en 26 jours de bourse, ne donnerait lieu qu'à une vente journalière de . . 12,692 f. de rentes, laquelle vente se trouverait réduite d'un 5e. ou de . . . 2,538 de rentes, montant des achats journaliers de la caisse d'amortissement pendant les six premiers mois. Resteraient donc. . . . . 10,154 f. de rentes à vendre par jour.

En comparant entre eux les trois moyens qui précèdent (moyens dont l'adoption ne ferait supporter aucune charge nouvelle aux Français), vous remarquerez, Messieurs, que les deux premiers ont l'avantage d'émettre des valeurs à 6 pour 100 par an, tandis que, par le troisième, il serait à craindre que l'on ne pût vendre les rentes au-dessus de 60 f.; ce qui assurerait 8 pour 100 par an aux acheteurs... Vous reconnaîtrez également, Messieurs, que, *si la nation se prive pendant huit ans de* 4,320,000 f. *de revenus*, pour les mettre à la disposition de la caisse d'emprunt ou de la caisse d'amortissement, et que celles-ci achètent des rentes qui rapporteront au moins 6 pour 100 par an, la privation desdits 4,320,000 f. de revenus, pendant huit années (ou de 34,560,000 f.), suffira, et au-delà, pour acquitter lesdits 47,300,000 f....

Je vais maintenant vous présenter trois modes d'impôts qui peseraient sur tous les Français; mais il me semble qu'il ne convient d'augmenter leurs charges, qu'autant que les trois premiers moyens, (ou au moins deux d'entre eux) seraient employés pour le paiement de l'arriéré.

Impôts qui peseraient sur tous les Français.

QUATRIÈME MOYEN.

Augmentation de la contribution mobilière et personnelle.

De tous les impôts, celui qui est généralement le moins lourd et le moins onéreux, c'est la contribution mobilière et personnelle.

Lors donc que le gouvernement éprouvant *des besoins extraordinaires*, les impôts sont insuffisans, il semble que l'augmentation de la contribution mobilière et personnelle (qui pèse sur tous les citoyens) est préférable à tout autre moyen dont l'application serait à charge seulement à quelques classes de la société.

Je pense que la contribution mobilière pourrait être augmentée *extraordinairement* de 25 cent., sans aucun inconvénient. Réunie à la contribution personnelle, elle est comprise dans le budget pour 40 millions; elle procurerait donc 10 millions de plus, si vous approuviez, Messieurs, l'augmentation que j'ai l'honneur de vous proposer.

La contribution personnelle n'est généralement que de 3 fr. environ dans les villes, et de 2 fr. 25 cent. dans les campagnes. Vous trouverez, sans doute, Messieurs, que l'augmentation de cet impôt ne donnerait lieu à aucune plainte, s'il était progressif, suivant l'importance des cotes de contribution mobilière.

Je vous propose, Messieurs, d'adopter les bases suivantes :

La contribution personnelle sera extraordinairement en 1816,

de 3 f.	pour ceux qui payent moins que			25 f.	de contribution mobilière.
de 6	pour ceux qui payent			de 25 à 50 f.	
de 9	pour	*id.*	*id.*	de 51 à 75	
de 12	pour	*id.*	*id.*	de 76 à 125	
de 15	pour	*id.*	*id.*	de 126 à 200	
de 18	pour	*id.*	*id.*	de 201 à 300	

et ainsi, toujours en augmentant de 3 fr.

par chaque 100 fr. de contribution mobilière au-dessus de 300 fr.

A l'égard des habitans des campagnes, qui payent moins de 25 fr. de contribution mobilière, je proposerais qu'ils fussent divisés en quatre classes par le contrôleur des contributions. La première classe serait de 3 f.; la 2e., de 2 fr. 75 c.; la 3e., de 2 f. 50 c., et la 4e., de 2 f. 25 c.

Il me semble qu'un impôt ainsi réparti sur tous les citoyens ne peut être onéreux, ni exciter de plaintes; et il est très-présumable qu'il triplerait, au moins, le montant actuel de la contribution personnelle.

CINQUIÈME MOYEN.

Proposition d'un droit unique sur les boissons, et de la suppression des exercices hors des lieux de production.

La chambre de commerce d'Amiens a indiqué et développé ce moyen, et en a présenté tous les avantages dans un mémoire qui est l'ouvrage de négocians aussi estimables par leur instruction et leur expérience, que par leur attachement au Roi et à la patrie. Ce mémoire étant imprimé, et vous ayant été remis, je me dispenserai, Messieurs, de reproduire les raisonnemens qu'a fait valoir la chambre de commerce d'Amiens. Je partage entièrement l'opinion qu'elle a émise sur la convenance, 1°. d'établir sur les boissons un droit unique, qui varierait tous les ans en proportion des besoins du gouvernement et de la quantité d'hectolitres de vin récoltés ; et 2°. de ne conserver les exercices qu'aux lieux de production.

Vous vous rappellerez, Messieurs, ce principe invoqué par M. le directeur-général des contributions indirectes (p°. 15 de son discours) : « Dès qu'un impôt accomplit les » deux conditions, d'être perçu *sans vexa-* » *tion*, et de ne pas tarir sa propre sour- » ce, etc. cet impôt, par cela même, est » admissible, si du moins son revenu est » nécessaire. » Or, ce principe ne peut être invoqué pour la conservation du mode actuel de perception ; quand, de toutes les parties de la France, on s'élève avec force contre des exercices qui sont la source de vexations intolérables ; et lorsque les manufacturiers les plus honnêtes et les plus considérés déclarent hautement que, plutôt que de s'y voir soumis, ils renonceraient à leur état.

Ce projet d'un droit unique sur les boissons paraît, Messieurs, mériter en ce moment d'autant plus votre attention, qu'il pourrait procurer les 43 millions qui sont nécessaires pour balancer le budget de 1816; et qu'il donnerait la possibilité de renoncer aux exercices, odieux par leur forme, et d'autant plus contraires à l'entretien et à l'amélioration de l'esprit public, qu'ils établissent un régime légal de vexations..... Ce n'est point par des vexations que l'on peut faire aimer le gouvernement.

Ces réflexions ne peuvent être déplacées, lorsqu'à aucune époque de notre histoire, l'union des Français ne fut plus nécessaire, et que cependant la malveillance, distillant son poison, cherche continuellement des prétextes pour inspirer la défiance, et désunir et mécontenter les Français....

Je me persuade donc, Messieurs, que vous adopterez avec empressement un mode d'impôt, qui lors même qu'il devrait seul servir à procurer au gouvernement les 43 millions qui lui manquent, serait encore accueilli par la nation comme un bienfait inappréciable.

SIXIÈME MOYEN.

Augmenter d'un décime le droit sur le Sel.

Sans les malheurs qui nous accablent, loin de parler d'une augmentation de droit sur le sel, on eût cherché à réduire cet impôt ; mais comme il faut absolument balancer le budget de 1816, il est indispensable et politique de se procurer de l'argent, non par tous les moyens possibles, mais par ceux qui seraient les moins à charge aux contribuables.

Il sera donc convenable d'examiner s'il n'y aurait point d'inconvéniens à augmenter d'un décime le droit sur le sel.

En novembre 1814, M. le directeur-général des contributions indirectes croyait convenable de porter, en l'année 1815, (c'est-à-dire de conserver), le droit sur le sel à 4 décimes. Il a été démontré à vos prédécesseurs que la consommation avait été aussi grande lors du droit à 40 cent., que pendant les cinq années que le sel fut imposé à deux décimes (ou 20 cent.)

Dans la situation pénible où nous nous trouvons, pourquoi ne rétablirait-on pas un impôt qui existait en 1814, et qui ne donnait lieu à aucune vexation?

Cet impôt est payé par tous les Français; et il est si peu considérable pour chacun d'eux, que, sous ce rapport, aucune autre contribution ne peut lui être comparée.

Des expériences ont fait connaître que la consommation moyenne était, par an, de 12 livres de sel (soit 6 kil.) par chaque individu. Comparons les résultats du droit à 20 cent., et à 15 cent. par demi-kil.

Dans le premier cas, le droit sur 12 livres monte, pour toute l'année, à 2 f. 40 c.; ce qui fait deux tiers d'un centime par jour; dans le second cas, le droit est de 1 f. 80 c. par an, c'est-à-dire moins qu'un demi-centime par jour. Ainsi, l'augmentation d'un décime sur la taxe existante ne coûterait que 60 c. par an à chaque Français. Or, peut-il exister un impôt plus léger!!!

Si cependant, en raison de la contrebande présumée, l'on réduit à 10 livres par individu la quantité de sels qui payeraient le droit; 130 millions de kil. de sel pour 26 millions d'habitans, donneraient, à 40 cent., un produit brut de 52 millions.

Certes, cette évaluation est au-dessous de la réalité, puisque M. le directeur-général estimait, en 1814, que le droit à 30 c.[r] devait rapporter 44 millions brut (soit 40 millions net); ce qui, à 40 c. par kil., devrait porter le montant du droit à près de 60 millions brut.

En effet, l'on ne peut admettre qu'un cinquième des sels entreront dans la consommation sans payer l'impôt, si les employés des douanes et des droits-réunis font leur devoir : car, de toute espèce de fraude, celle du droit sur le sel est la plus difficile, à raison de l'encombrement de cette marchandise.

Je ne fais point de vœux pour que le sel soit remis en régie, parce que ce serait enlever une branche de commerce à l'industrie; et que, d'ailleurs, la perception peut être assurée, si, dans un rayon de quatre à cinq lieues autour des salines, le sel ne peut être transporté qu'avec des passavans de la régie, qui justifient du paiement des droits.

Ce mode, qui exclut les exercices hors des lieux de production, est en parfaite harmonie avec le projet d'un droit unique sur les boissons.

L'on objectera peut-être que, depuis dix-huit mois, le sel a été la matière d'une contrebande active, qui a dû diminuer beaucoup le produit de la taxe ; et que l'on craint de voir cette contrebande augmentée, lorsqu'une taxe plus élevée offrira plus de bénéfices aux fraudeurs.

Je répondrai que les circonstances ne sont pas absolument les mêmes ; que le gouvernement peut améliorer le système des douanes, établir une seconde ligne d'employés ; et que des mesures plus sévères, mieux combinées et mieux exécutées, réduiraient extrêmement la contrebande des sels étrangers. . . .

En récapitulant les avantages de ces trois espèces d'impôts qui peseraient sur toutes les classes de la société ;

Par le premier, l'augmentation de 25 cent. sur la contribution mobilière procurerait 10 millions au gouvernement ; sans comprendre les produits résultant de l'accroissement temporaire de la contribution personnelle, que, sans exagération, l'on peut évaluer à huit millions (1).

Par le second moyen, les exercices sur les

(1) 26,000,000 d'habitans doivent faire supposer au moins 2,600,000 individus qui payent la contribution personnelle. Or, si l'on calculait seulement sur une augmentation commune de 3 fr. par chaque cote, le supplément de l'impôt produirait 7,800,000 fr.

boissons seraient supprimés, excepté aux lieux de fabrication... Toute la nation verrait avec plaisir ce changement, qui, d'ailleurs, procurerait une économie très-considérable sur les frais de perception. Les Français regarderaient l'abolition des exercices comme un bienfait du Roi; et leur attachement pour lui en accroîtrait. En outre, ce second moyen donnerait la facilité de doubler au besoin les produits actuels des droits sur les boissons, sans faire éprouver aucune vexation.

Enfin, par le troisième, le gouvernement obtiendrait une augmentation d'un tiers sur le produit du droit sur les sels, et ce supplément de droit produirait près de 14 millions.

Impôts qui ne seraient supportés que par plusieurs classes de citoyens.

SEPTIÈME MOYEN.

Régulariser le mode des cautionnemens, en les fixant désormais sur une base égale, en proportion du produit des places.

Le premier des cinq derniers moyens que je vous soumettrai, sera de régulariser le mode des cautionnemens.

Les bases suivies pour leur évaluation sont irrégulières et injustes.

Elles sont irrégulières, car tantôt les cautionnemens sont fixés en raison des fonds qui passent entre les mains des comptables, tantôt d'après le revenu des places; et, dans d'autres cas, ils donnent le privilége d'exercer une profession libérale.

Les bases sont injustes; car si le comptable doit donner un cautionnement proportionné à la quotité des fonds qu'il reçoit, il est de toute équité aussi que ce cautionnement soit en proportion des avantages pécuniaires que les places peuvent procurer.

Or, une recette générale dont le cautionnement sera de 100,000 fr., donnera à peine la moitié du produit de la place d'un payeur-divisionnaire, qui cependant ne payera que 85,000 fr... ; et cette même recette générale égalera difficilement le produit de la place d'un payeur de département, dont le cautionnement sera de 15,000 fr.

Ainsi, 100,000 f.
42,500
et 15,000 } de cautionnemens seraient exigés, d'après le projet de budget, pour des places qui donneraient à peu près les mêmes produits.

Le cautionnement de l'une égalerait..................	environ 6 années	du produit annuel des places.
Celui de la seconde.....	environ 3 années	
Celui de la troisième....	environ 1 année	
Celui des employés des droits-réunis (désignés dans le budget)...............	environ 1 année	
Celui des agens de l'administration des douanes ne serait que du tiers, ou.......	environ des $\frac{2}{5}$.	

Quant aux notaires, avoués, huissiers, avocats, commissaires-priseurs et agens de change, leurs revenus étant en raison de leurs talens et de la considération qu'ils ont méritée, les uns donneraient moins qu'une année du produit de leur travail, tandis que d'autres moins en vogue payeraient peut-être une somme égale à 2 et 3 années du revenu de leur industrie....

Ainsi, les bases des cautionnemens sont tout à la fois irrégulières et injustes.

Cette vérité étant démontrée, le gouvernement ferait un acte équitable pour tous, s'il régularisait le mode des cautionnemens; il pourrait alors considérer ce qu'il exige des receveurs-généraux, comparativement aux produits fixe et industriel de leurs places, et il éleverait dans la même proportion tous les cautionnemens : ils pourraient donc égaler désormais au moins 5 années des revenus (soit fixes, soit industriels).....

Une pareille mesure procurerait en ce moment de très-grandes ressources au gouvernement ; et, en outre, elle ne serait pas onéreuse aux cautionnés, si on leur accordait les facilités que j'indiquerai ci-après.

On appréciera l'importance de cette ressource par l'aperçu suivant, tout inexact qu'il soit ; car je ne connais qu'imparfaitement les produits des places assujéties à des cautionnemens, et, d'ailleurs, je n'ai point sous les yeux le nombre ni la quotité de tous ceux exigés.

Aperçu des ressources que procureraient les cautionnemens, si on les portait à cinq fois environ le produit des places.

1°. Les payeurs-divisionnaires, d'après le budget, payeraient 1,830,620 fr. ; mais les cautionnemens de chacun d'eux n'égalant qu'environ trois années de produit de leur place, cette somme de. . 1,830,620 f. pourrait être augmentée des deux tiers, ou de. . . . 1,220,410 f.
ce qui porterait le cautionnement des payeurs de division à . . . . . . 3,051,030 fr.

2°. D'après ce même projet, les payeurs des départemens et des ports payeraient 1,617,740 fr., savoir : *Report.* 1,220,410f.

Ceux des départemens. . 1,207,500 fr.

Ceux des ports. 410,240

Ensemble. 1,617,740

Mais ces cautionnemens n'égalant qu'une année environ du produit des places, ils pourraient être quintuplés : ainsi, 1,617,740 f. se trouveraient augmentes de. 6,470,960 f. 6,470,960f.
ce qui porterait le montant du cautionnement des payeurs et des ports à. . . . . 8,470,940 f.

3°. Les employés de l'administration des contributions indirectes, (désignés dans l'état n°. 4, f°. 50 du projet du budget), payeraient la somme de. . . . . 2,915,000 f.

Mais le cautionnement desdits employés ne paraissant s'élever qu'à une année environ du produit de leur place, cette somme de 2,915,000 fr. pourrait être quintuplée ; elle serait donc augmentée de. . . 11,660,000 11,660,000

Ce qui porterait le montant des cautionnemens desdits employés à. . . . . , . 14,575,000 fr. 19,351,370f.

Report. 4°. Les différens agens des douanes, (désignés dans l'état n°. 6, f°. 56 du projet du

19,351,370f. budget), payeraient. . . . . . 2,075,800 fr.

mais leurs cautionnemens n'étant qu'environ les $\frac{2}{5}$. d'une année du produit de leurs places, ils seraient augmentés de 11 fois et demi, ou de. . . . . . . 23,871,700 fr.

25,947,500 fr.

Lors même que l'on jugerait convenable de ne faire aucun changement aux cautionnemens des receveurs subordonnés, qui, d'après le projet de budget, ne seraient assujétis qu'à 200, 300 et 500 fr. de cautionnement; ces trois classes n'entrant dans le tableau que pour 219,800 fr., elles ne figurent dans l'augmentation des 23,871,700 fr. que pour 2,527,700 fr. Ainsi, quand on déduirait des . . . . 23,871,700 f. la part relative aux receveurs subordonnés; c'est-à-dire . . . 2,527,700 f.; l'augmentation des cautionnemens sur les différens agens des douanes, serait

21,344,000 de. . . . . 21,344,000 fr.

40,695,370f. montant approximatif des augmentations de

cautionnement, résultant de l'adoption d'une base égale pour la fixation du cautionnement des individus désignés ci-dessus (1).

J'ai avancé que cette nouvelle base des cautionnemens pourrait n'être pas onéreuse aux cautionnés. Je vais le démontrer, Messieurs, en supposant que, loin d'approuver l'article 55 du projet, qui interdit la faculté de fournir certains cautionnemens en immeubles et en rentes, vous donneriez, au contraire, cette facilité à tous ceux dont les cautionnemens seraient augmentés, à la charge par eux d'hypothéquer en faveur de la caisse d'amortissement, soit des rentes au taux de 60 fr., soit des immeubles à raison de 6 fr. de revenu par chaque 100 fr. de cautionnement, et de le réaliser en numéraire

(1) Je ne puis présenter aucun aperçu sur les augmentations auxquelles donnerait lieu l'application du même mode, à l'égard des conservateurs des hypothèques, des percepteurs, des receveurs des communes, et des autres employés des droits-réunis, parce que le budget ne m'a fourni aucune espèce de données à cet égard; mais néanmoins il est présumable que ces divers changemens procureraient bien au-delà des 43 millions dont le gouvernement a besoin.

dans l'espace de cinq ans. En attendant ce remboursement, les cautionnés seraient obligés de faire, à l'ordre de la caisse d'amortissement, des billets à six mois, portant 3 p. $\frac{0}{0}$ d'intérêt, et transmettant aux porteurs l'hypothèque donnée à la caisse d'amortissement. Vers l'échéance desdits billets, (en cas de non-paiement), les cautionnés en adresseraient d'autres en renouvellement à la caisse d'amortissement, qui se chargerait alors du paiement des premiers billets, et les renverrait ensuite acquittés. En même temps elle payerait 2 p. 100, pour l'intérêt des six mois du cautionnement. Ainsi, le fonctionnaire qui aurait fait le sien en immeubles ou en rentes, continuerait à en toucher les revenus, et ne perdrait par an que les 2 p. 100 de différence sur les intérêts qu'il aurait payés à la caisse d'amortissement, avec ceux qu'il en aurait reçus. Si donc sa place lui rapportait 15,000 f. de revenu, il perdrait seulement 2 p. 100, ou 300 fr. par an, jusqu'au remboursement de son cautionnement. Or, je le demande, un pareil sacrifice ne serait-il pas très-léger? et n'ai je pas eu raison de dire que le nouveau mode de répartition ne serait pas onéreux aux cautionnés (1)?

---

(1) Dans la supposition même où ce mode égal de

Si, d'ailleurs, vous considérez, Messieurs, les charges qui pèsent sur l'agriculture, et l'énormité des pertes qu'ont supportées les

---

répartition, pour les cautionnemens, n'obtiendrait pas votre assentiment, vous préviendrez, Messieurs, les difficultés que, d'après le projet, pourront éprouver tous les fonctionnaires à réaliser en numéraire les sommes nécessaires pour compléter leurs cautionnemens; car il est évident que si un grand nombre d'individus se voit forcé d'emprunter de l'argent, l'intérêt s'élevera dans une proportion effrayante pour l'industrie, parce que les 170 millions portés pendant cinq ans à l'étranger, ne se trouveraient remplacés dans la circulation par aucune valeur représentative. Je suis convaincu, Messieurs, que vous éviteriez ce malheur, si vous accordiez aux fonctionnaires la facilité de payer leurs cautionnemens en immeubles et en rentes, et en même temps en billets à ordre, ainsi que je viens de l'indiquer.

Le gouvernement en retirerait un grand avantage : ce serait d'avoir, de suite, entre les mains, des valeurs à six mois, portant intérêt, et donnant hypothèque, tandis que, par l'art. 50 du projet, les cautionnemens et supplémens de cautionnemens seraient versés au trésor, savoir :

$\frac{1}{4}$ en numéraire, le 31 mars;

Et les $\frac{3}{4}$ en *simples* obligations payables en juin, septembre et décembre. Ainsi, le dernier $\frac{1}{4}$ ne serait payable qu'au bout de douze mois, c'est-à-dire, à l'époque où tous les services devraient être acquittés.

manufactures et le commerce français ; il vous paraîtra, sans doute, convenable de demander les 43 millions aux hommes qui ont toujours eu, par leurs places, des revenus fixes, ou au moins certains, et qui ont été à l'abri des crises commerciales et des impôts qui ont accablé le commerce et l'agriculture.

Vous n'oublierez pas, Messieurs, qu'en économie politique, l'industrie manufacturière, agricole et commerciale, est destinée à répandre l'aisance, et à procurer la richesse nationale et particulière ; que les hommes salariés par l'état, qui participent à l'administration, sont des agens extrêmement utiles sans doute, mais que, s'ils sont trop nombreux, ou s'ils consomment une quantité de produits trop considérable, relativement aux revenus de la nation, (ce qui arriverait dans la circonstance présente, si l'industrie devait seule fournir ou même seulement avancer les 43 millions dont le gouvernement a besoin), alors l'industrie serait arrêtée dans sa marche ; elle perdrait sa force et les moyens de prospérer. Par suite, la nation serait appauvrie ; et enfin, ses ressources diminuant de jour en jour, elle se trouverait bientôt dans l'impuissance d'acquitter les charges, dont le paiement est cependant indispensable pour assurer son indépendance.

Telles sont, Messieurs, les considérations politiques qui semblent recommander ce projet à votre attention.

HUITIÈME MOYEN.

Doubler les patentes, en faisant supporter cette augmentation en proportion des capitaux mobiliers présumés.

Si aucun des moyens qui précèdent n'obtenait votre approbation, et que, malgré les motifs énoncés plus haut, il vous parût convenable d'imposer l'industrie; au moins vous voudriez le faire de la manière la plus générale, afin d'adoucir pour tous la charge de l'impôt.

Vous parviendriez, Messieurs, à ce résultat, si, prenant pour base de cette nouvelle contribution, ce que chaque département, et ensuite, dans les arrondissemens, ce que chaque profession paye de patentes, y compris le droit proportionnel, vous demandiez à tous les patentés une contribution extraordinaire, qui serait répartie en raison des capitaux mobiliers présumés.

Cette pensée ayant été discutée dans une réunion de négocians, où se trouvaient plusieurs membres du conseil-général des manufactures; et un mémoire ayant été rédigé à la suite de cette discussion, à laquelle j'ai pris part; je supprime les développemens que je devais vous présenter, et je me réfère à ce mémoire, qui est imprimé, et qui me paraît avoir offert tous les moyens d'exécution que l'on peut désirer, pour affaiblir l'injustice des bases de la loi sur les patentes.

Vous considérerez, Messieurs, que l'injustice des bases actuelles disparaît, en quelque sorte, dans l'opinion, ou, au moins, ne fait naître aucun mécontentement dangereux, parce que l'impôt est généralement modéré, comparativement à l'industrie que l'on professe. Or, le nouveau projet a cet avantage, qu'en doublant ou triplant même les patentes, les bases de la loi se trouveraient reformées lors de la répartition du supplément du droit.

Les fabricans aisés de la Haute-Normandie, de la Picardie, de l'Alsace, etc., continueraient d'être plus imposés, à proportion de leurs capitaux, que les fabricans de Lyon, de Sedan, de Louviers et d'Elbœuf; mais tous préféreraient, sans aucun doute, des sacrifices inégaux, mais temporaires, et qui, d'ailleurs, atteindraient toutes les branches d'industrie, à un systême d'impôt qui établirait des exercices vexatoires et des droits énormes, dont les résultats seraient, en peu d'années, la ruine de la plupart des manufactures françaises, et, par suite, la diminution de la valeur locative et vénale des biens ruraux, des usines et des maisons.

En supposant, Messieurs, que vous jugiez convenable d'augmenter temporairement le droit de patente (en adoptant le mode d'exécution qui vous est proposé), vous apprécierez sans doute que cette contribution ne peut servir exclusivement à procurer 43 millions au gouvernement. Je ne crois pas qu'il y ait d'inconvénient à doubler temporairement les patentes ; mais une plus forte augmentation rendrait la perception très-difficile, ou très-onéreuse aux classes aisées.

Au reste, Messieurs, lors même que vous arrêteriez de faire payer les 43 millions par les seules classes industrieuses, vous auriez encore d'autres moyens à examiner. Je vais vous en soumettre plusieurs.

NEUVIÈME MOYEN.

Droit sur les Peaux (1).

L'on peut établir un droit sur les peaux,

(1) Ce projet m'a été communiqué par son auteur,

» en adoptant un mode de taxation et de » perception qui épargnera de grands frais » à l'état, en même temps qu'il garantira les » contribuables de toute vexation. Une taxe » peut facilement être assise sur la peau de » l'animal destiné à la boucherie, et néanmoins être supportée par les tanneurs et » les mégissiers, et remboursés par eux aux » bouchers, qui en feront l'avance.

» La ville de Paris consomme, année » commune, 75,000 bœufs; en portant à » 6 fr. le droit d'entrée sur leur peau, on » obtiendra. . . . . 450,000 fr.

» 10,000 vaches, qui, à 3 fr., » produiront. 30,000

» 85,000 veaux, estimés à 1 f. 50 c. 127,500

» 300,000 moutons, à 50 c. 150,000

» Total du produit de l'impôt » sur la ville de Paris . . . . . 757,500 f.

» Ce calcul est d'autant plus modéré, (qu'en

M. Salleron, membre du conseil-général des manufactures. Je vous présente ce mode d'impôt, parce qu'il me semble réunir les deux conditions: de pouvoir être perçu sans vexation, et de ne pas tarir la source de la production. Si donc il fallait absolument imposer quelques branches d'industrie, le projet de M. Salleron pourrait être adopté.

» portant la population de la capitale à
» 600,000 ames, y compris les étrangers),
» il suppose que chaque individu, à Paris, ne
» consomme que 2 livres et demie de viande
» par semaine.

» J'établirai un autre calcul pour la con-
» sommation des départemens. Elle est beau-
» coup moindre, en proportion, que celle
» de Paris, parce que les gens de la cam-
» pagne et les ouvriers de province vivent,
» en grande partie, de porcs, de laitage et
» de légumes.

» La statistique des départemens, établit
» le terme moyen de la population de
» chacun d'eux à 325,000 habitans. En
» supposant seulement une consommation
» hebdomadaire de neuf onces de viande
» par chaque individu, il faudra toutes les
» semaines, pour la consommation de cha-
» que département, 150 bœufs. Leur peau
» étant d'une moindre valeur que celles
» des animaux destinés à la capitale, il sera
» convenable de n'en porter le droit qu'à
» 4 fr. par peau, ce qui fait. . . . 600 fr.
» 175 vaches, à 2 f. 350
» 325 veaux, à 1 f. 325
» 1300 moutons, à 25 c. 325

» Produit total par semaine. . . 1600 fr.

» Cette somme, multipliée par 52 se-
» maines, donne par an, pour chaque dé-
» partement, 83,200 fr., lesquels, multipliés
» à leur tour par 84, pour les 84 départe-
» mens, produiront. . . . . 6,988,800 f.

» Montant total du droit.
» sur les peaux. . . . . 7,746,300 f. (1)

» Ce droit serait perçu, savoir :

» 1°. Dans les villes entourées de murs,
» par les receveurs de l'octroi, lorsque
» l'animal arriverait aux barrières;

---

(1) « Si l'on ajoute à cette somme de. 7,746,300 f.
» le produit du droit d'entrée, 1°. sur
» 500,000 demi-kil. de peaux de daim,
» de renne, de chèvre, de bouc et de
» vache, séchées en poil, qui nous
» viennent de l'étranger, en estimant le
» droit d'entrée à 10 cent. le demi-ki-
» logramme, cet article produira..... 50,000
» 2°. Sur 150,000 cuirs de Buénos-
» Ayres, importés annuellement, pour
» être confectionnés en cuirs forts, ou
» à œuvre, ou en Hongrie, ou en buf-
» fleterie; ces cuirs pesant en reil 25 de-
» mi-kilogrammes la pièce, ce qui fait
» 3,750,000 demi-kilogram., à 10 cent.
» le demi-kilogramme............... 375,000

» Le produit total des droits sur les
» peaux s'éleverait à........... 8,171,300 f.

» 2°. Dans les villes non murées et dans
» les villages, par le percepteur de l'arron-
» dissement. Cette perception ne pourrait
» avoir lieu que par abonnement; mais ce
» mode ne présente aucun inconvévient,
» parce que le boucher, ne pouvant s'établir
» qu'avec le consentement du maire ou de
» la police municipale, et étant toujours
» sous l'inspection des magistrats, on peut
» facilement connaître combien il abat d'ani-
» maux par semaine dans son échaudoir.

» Il serait expressément stipulé dans toutes
» les conventions des bouchers avec les tan-
» neurs, que le droit d'entrée sur les cuirs
» et les peaux est à la charge de ces derniers.
» Si cette clause était oubliée dans les mar-
» chés, elle n'en serait pas moins sous-en-
» tendue (1).

---

(1) J'observerai à ceux qui pourraient regarder cette taxe comme un impôt sur la viande, que, s'ils comparent la valeur du droit à celle de l'animal, et s'ils font attention que la consommation commune de chaque individu est seulement de 9 onces par semaine dans les départemens, ils reconnaîtront que le droit de 4 fr. sur les bœufs représente, environ, 1 cent. par livre. Or, si nous multiplions 9 onces par 52 semaines, nous aurons 468 onces, ou 29 livres, qui donneraient lieu seulement à 29 cent. de droit par an... Je ne connais aucun droit qui soit plus léger ni plus facile à percevoir.

» Cette taxe sur les peaux et le mode
» de perception indiqué, n'occasionne-
» raient presque point de frais au gouver-
» nement, puisqu'ils n'exigeraient ni ré-
» gie, ni bureaux; et que les percepteurs
» ordinaires des impositions ou des octrois,
» feraient toute la recette. Ils auraient encore
» le précieux avantage de laisser un libre es-
» sor à l'industrie, en ne gênant pas le fabri-
» cant dans ses opérations. »

DIXIÈME MOYEN.

Nationaliser (moyennant le paiement d'un droit de 15 (ou de 20) p. % les produits manufacturés en France.

Depuis deux ans environ, la contrebande des produits manufacturés de l'étranger, jette dans la consommation des quantités énormes de marchandises, dont la concurrence nuit extrêmement à la vente des étoffes françaises. La contrebande s'est accrue en raison des facilités qu'on avait à la faire. Nos frontières étaient envahies, et notre ligne des douanes se trouvait rompue. En vain nos lois prohibitives étaient maintenues; elles furent sans force et sans exécution, parce que la recherche des marchandises entrées en fraude, n'eût point lieu dans l'intérieur de la France.

Alors beaucoup de commerçans, séduits par les avantages que leur promettait le bas prix des marchandises étrangères, crurent se mettre, en quelque sorte, à l'abri des poursuites de l'administration des douanes, au moyen des primes d'assurance qu'ils payèrent à des étrangers, ou même à des nationaux, pour faire parvenir jusques dans leurs magasins des marchandises manufacturées à l'étranger.

En ce moment la ligne des douanes est rétablie sans doute; mais les mesures répressives sont insuffisantes, puisque la prime d'assurance ne se paye que 10 à 5 pour 100 (suivant les localités). Or, il est constant qu'une prime d'introduction (lors même qu'elle serait à 10 pour 100 par tous les points de nos frontières) serait encore insuffisante pour empêcher les introductions, qui malheureusement se renouvellent d'une manière effrayante pour nos manufactures.

Ces réflexions font naître deux questions de la plus haute importance.

La première : convient-il de laisser circuler librement et avec impunité les marchandises manufacturées de l'étranger, actuellement en France? Et, dans le cas contraire, un droit de nationalisation ne serait-il pas préférable à des visites domiciliaires, à des saisies et à des confiscations ?

La seconde question : comment pourrait-on empêcher la continuation des introductions frauduleuses, et particulièrement celles des marchandises fabriquées de l'étranger ?

Sur la première question ; vous penserez sans doute, Messieurs, qu'il serait d'autant plus impolitique d'accorder l'impunité à tous les commerçans détenteurs de produits des manufactures étrangères, qu'ils n'ont pu ignorer un seul instant qu'ils se livraient à des opérations illicites ; et que l'impunité, dans une telle circonstance, serait un encouragement pour continuer un commerce extrêmement nuisible à nos manufactures. Or, puisque nos désastres ne peuvent être réparés que par les bénéfices de l'industrie nationale, vous rechercherez, Messieurs, tous les moyens qui peuvent extirper la contrebande du sol français, et assurer au moins à nos manufactures les consommations de l'intérieur. Mais, en considérant que les troupes étrangères elles-mêmes ont pu faciliter la fraude ; et en songeant à la quantité de gens coupables, et dont le crédit pourrait être détruit par des saisies et des confiscations, vous craindrez, sans doute, qu'elles n'occasionnent une crise commerciale; alors, cherchant un moyen mixte, vous trouverez convenable de nationaliser tous les produits manufacturés de l'étranger, (actuellement en France), moyennant un droit de 15 (ou de 20) pour 100 de la valeur, sur la déclaration du détenteur (1), et d'appliquer sur chacun des produits une estampille qui constate le paiement du droit,

Cette mesure peut s'exécuter en même temps dans toute la France.

Sur la seconde question : comment pourrait-on empêcher la continuation des introductions frauduleuses? Vous apprécierez, Messieurs, que ces introductions seraient presque nulles, si toutes les marchandises étrangères, (non nationalisées après le délai déterminé), étaient saisissables, et faisaient encourir aux détenteurs une amende quadruple de la valeur desdites marchandises.

Le commerce a été long-temps partagé sur la nécessité des poursuites dans l'intérieur de la France. Les commerçans et les détail-

(1) La douane aurait la faculté de prendre les marchandises pour son compte, en les payant 10 p. % de plus que le prix déclaré.

lans repoussaient cette mesure, parce qu'ils voyaient dans les exercices des douanes ou de la régie une foule de vexations odieuses dont ils voulaient s'affranchir. Presque tous les manufacturiers, au contraire, réclamaient les poursuites dans l'intérieur, comme le seul moyen d'arrêter la contrebande des produits manufacturés de l'étranger ; ils s'étonnaient que le législateur refusât leur demande, par la crainte de mécontenter des hommes qui sciemment font la fraude, et savent très-bien qu'ils nuisent à l'industrie nationale, (qui, de toutes les sources de la richesse, est celle qu'il importe le plus de conserver et d'accroître); tandis qu'il n'avait pas hésité à établir des exercices pour la perception des droits sur des produits indigènes, dont la consommation devait nécessairement diminuer, en raison de l'élévation des droits et des exactions qu'éprouvaient les vendeurs.

Il existe, Messieurs, un moyen d'assurer à nos manufacturiers la vente presqu'exclusive de leurs produits dans l'intérieur de la France, sans, pour cela, faire éprouver au commerce aucune vexation.......

Ce moyen se rattache au système d'une marque nationale sur toutes les étoffes françaises. Je me réserve de le développer, en vous proposant, Messieurs, la mesure d'une estampille royale sur tous les produits des manufactures françaises qui en sont susceptibles.

ONZIÈME MOYEN.

Estampiller tous les produits des manufactures françaises, qui en sont susceptibles.

La mesure de l'estampillage a eu beaucoup de partisans et de détracteurs.

Les fabricans qui ne voulaient pas d'estampilles ont fait valoir que le transport de leurs marchandises au bureau de marque, serait une chose gênante et coûteuse; qu'il aurait l'inconvénient d'exposer la marchandise à être tachée, et de faire connaître à leurs concurrens les étoffes, les couleurs, et les impressions nouvelles qu'il leur importe que l'on n'imite pas, jusqu'à ce qu'ils soient indemnisés des frais extraordinaires auxquels ces découvertes et ces nouveaux procédés ont donné lieu.

Ils convenaient, avec les partisans de l'estampille royale, qu'aucune mesure ne pouvait offrir des moyens aussi certains d'arrêter la fraude; et même que l'Angleterre, sans ce mode d'estampiller tous les produits manufacturés, n'aurait pu parvenir, ainsi qu'elle l'a fait, à rendre la contrebande extrêmement difficile. Mais en même temps ils rappelaient qu'en Angleterre la marque donne lieu à un droit ; ils craignaient qu'elle ne servît en France à imposer l'industrie, et à lui faire éprouver des vexations qui éloigneraient successivement du commerce tous les hommes honnêtes que leur fortune peut rendre indépendans.

En Angleterre, disaient-ils, la politique constante du gouvernement, depuis deux siècles, est de favoriser tous les développemens du commerce, et particulièrement de l'industrie manufacturière, que l'on regarde comme la source la plus abondante de la richesse, et le plus grand de tous les moyens de prospérité.

Le gouvernement, la cour, la noblesse, la bourgeoisie et le peuple n'ont, à cet égard, qu'une même pensée ; tous marchent vers le même but, dans un accord parfait de sentimens et d'opinions ; et la prospérité, toujours croissante, de ce royaume, les a attachés et les attache tous les jours davantage à un systême auquel seul ils doivent l'influence politique et la prépondérance qu'ils ont obtenues dans toutes les parties du monde.

Lors donc qu'en Angleterre le gouvernement a fait servir l'estampille à empêcher la fraude, et à produire un revenu à l'état, l'on n'a eu aucune inquiétude de voir étendre ou exécuter cette mesure, de manière à diminuer les consommations et à nuire à l'industrie.

Tout le peuple anglais a été rassuré à cet égard; et il ne peut redouter l'exécution, ni les résultats des lois qui intéressent son industrie, parce que le gouvernement ne présente au parlement aucun projet sur les finances ou le commerce, que les manufacturiers, les agriculteurs et les commerçans n'aient été consultés préalablement. Or, comme le gouvernement attache un très-grand prix à leurs avis, qu'il ne néglige jamais d'en faire usage, toute la nation, qui s'est vue, en quelque sorte, associée à la confection des projets de loi, se soumet sans crainte aux mesures que le parlement adopte; et il ne peut d'ailleurs en redouter les résultats, puisque l'intérêt général et l'intérêt particulier ne sont jamais séparés dans les mesures du gouvernement.

En France, l'on n'a point encore adopté un système fixe... Un grand nombre d'hommes estimables, et instruits par l'expérience, croient que la France ne peut réparer ses désastres qu'en employant des armes égales à celles dont se servent les nations qui fleurissent le plus. A cet égard, le spectacle de l'Angleterre, et les moyens qui lui ont si parfaitement réussi, paraissent des argumens irrésistibles en faveur de leur opinion, et des leçons politiques que les hommes d'état doivent méditer avec soin.

Mais les individus que je désigne ne sont pas les plus influens au conseil d'état, ni dans les premiers corps du royaume. D'autres idées ont long-temps prévalu, et l'on peut craindre qu'elles ne prévalent encore, lorsque l'on rencontre, même dans les fonctions les plus élevées, des hommes extrêmement respectables par leurs services, leur mérite et leurs lumières, qui, dédaignant la science de l'économie politique et les connaissances pratiques que l'expérience seule peut procurer, (se persuadant, peut-être, que l'étude du droit romain et de nos codes peut suppléer à toute espèce de connaissance), émettent hautement cette opinion, que la France n'a pas besoin d'être manufacturière, et qu'il lui suffit d'être agricole.

En vain la pauvreté de la Pologne et de l'Espagne, où l'industrie est presque uniquement agricole, produit un contraste frappant avec la prospérité de l'Angleterre, qui est essentiellement manufacturière ; ces vérités sont méconnues, et la plupart de nos financiers semblent même ne s'occuper que de la manière la plus prompte de remplir les coffres de l'état, s'embarrassant fort peu de favoriser les reproductions, qui, seules cependant, peuvent multiplier nos ressources, et fournir les moyens de payer des impôts considérables sans vexations et sans regrets.

Vous considérerez, Messieurs, que tous les hommes qui, directement ou indirectement, se livrent au commerce de contrebande, avaient intérêt à repousser la mesure de l'estampille ; ils se sont réunis aux fabricans, qui rejetaient cette mesure, pour la présenter comme une source de vexation, et un moyen d'imposer arbitrairement la production.

Aujourd'hui leur opinion acquiert un nouveau poids dans l'esprit public ; et le projet de budget prouve, (plus que toute espèce de raisonnement), combien l'industrie aurait à craindre, si le budget était adopté, et que la perception des nouveaux droits fût confiée à des administrations d'autant plus fiscales, qu'elles s'en font un mérite, et repoussent tout ce qui peut diminuer ou enchaîner la fiscalité dans de justes bornes.

Ces réflexions présentent des faits tellement évidens et incontestables, que les fabricans et les négocians qui désiraient le plus la mesure de l'estampille royale, (comme moyen de réprimer la fraude), avaient renoncé à leur opinion, afin de ne pas offrir les moyens de vexer l'industrie manufacturière par des droits qui, devenant une prime pour les contrebandiers, favoriseraient en France la vente des produits étrangers, au détriment des produits nationaux; ce qui, sans aucun doute, déterminerait beaucoup de fabricans français à renoncer à leur état.

Combien les craintes du commerce ne sont-elles pas fondées, lorsqu'on voit un projet de budget qui menace dans leur fortune, dans leur propriété ou dans leur existence, le fabricant, le négociant, le marchand, le propriétaire, l'agriculteur et l'ouvrier; et qu'il est malheureusement trop certain que le ministère n'avait entrevu aucun des inconvéniens qui ont été développés avec tant de clarté dans les différens mémoires qui ont paru depuis la présentation du budget!

Dans de telles circonstances, Messieurs, vous ne songerez au système des marques que dans le seul cas où, proclamant hautement les vérités et les principes appréciés depuis deux siècles en Angleterre, et voulant obtenir la prospérité de l'état par les succès des manufactures, de l'agriculture et du commerce, vous supplierez Sa Majesté de vous faire présenter un projet de loi, par lequel, à l'avenir, il ne puisse vous être soumis aucune mesure financière et commerciale, sans qu'au préalable ces projets n'aient été communiqués aux chambres consultatives et de commerce, et aux conseils généraux des manufactures et du commerce; enfin, que, dans le cas de dissidence d'opinion entre ces deux conseils, leurs députés, nommés *ad hoc*, soient entendus contradictoirement dans le conseil d'état, duquel ne seraient plus exclus les hommes qui ont acquis des connaissances *pratiques*, sans lesquelles il est impossible d'apprécier toutes les mesures de détail et d'exécution.

Lors, Messieurs, que vous aurez hautement manifesté cette opinion, vous pourrez avec confiance adopter la mesure de la nationalisation des marchandises étrangères, maintenant en France, moyennant le droit

BIBLIOTHÈQUE ROYALE

de 15 (ou 20) p. 100), et celle de l'estampille royale sur tous nos produits manufacturés qui en sont susceptibles.

Ces mesures procureront au gouvernement une ressource de plusieurs millions, et serviront très-utilement à diminuer et réprimer la contrebande.

Vous n'oublierez pas, Messieurs, que le transport des étoffes au bureau de marque ayant de véritables inconvéniens, et devant gêner l'industrie, il est juste autant que nécessaire qu'elle soit indemnisée par des avantages réels; par la répression de la fraude; et qu'elle ait la certitude de faire payer par le consommateur le droit dont elle aura fait l'avance.

Vous parviendrez à ces deux buts, Messieurs, si le droit de marque ne s'élève pas au-delà d'un pour cent des valeurs déclarées; car alors il augmentera de fait le prix des marchandises, et il sera évident pour toute la nation que l'estampille a pour objet principal de fournir les moyens d'atteindre les produits manufacturés entrés en fraude, et d'extirper la contrebande presqu'entièrement.

Le droit étant modéré, aucun fabricant ne cherchera à s'y soustraire, surtout si la loi ordonne, qu'après une époque déterminée, tous produits non estampillés seront saisis et confisqués, et si elle condamne, en outre, les détenteurs à payer une amende égale à quatre fois la valeur de la marchandise saisie.

Ce serait une grande erreur de penser que cette loi ne pourrait s'exécuter qu'au moyen de visites domiciliaires.

L'on n'en fait point en Angleterre, à moins qu'il n'existe des dénonciations signées par des gens connus; mais comme tous les magasins et les boutiques sont constamment ouverts, les employés de la police ou des douanes s'y présentent comme acheteurs; et comme l'on ne peut vendre une marchandise sans la montrer, ils ont la facilité de voir si les marchandises sont estampillées; enfin, lorsqu'ils ont trouvé une ou deux pièces sans estampille, ils diffèrent de saisir, jusqu'à ce que d'autres employés, prévenus par eux, en se présentant également comme acheteurs, se soient assurés que le détenteur a chez lui plusieurs pièces de marchandises prohibées : aussi les saisies ne sont faites que lorsqu'on est bien certain de trouver un coupable; et alors sa maison est entourée de telle manière, que la marchandise ne peut échapper aux regards des saisissans.

Les Anglais, plus qu'aucun autre peuple, sont jaloux de leur liberté; mais ils regardent la punition des hommes dont le commerce est nuisible aux manufactures nationales, comme une preuve et une garantie de la protection du gouvernement; et c'est par la ruine des contrebandiers qu'il acquiert particulièrement des droits à la reconnaissance de la nation et à l'attachement de toutes les classes industrieuses.

Vous concevez, Messieurs, qu'il ne suffirait pas que les employés de la police ou des douanes se présentassent comme acheteurs dans les magasins, si la police n'éclairait et ne guidait même leurs démarches. Cette partie de la police est parfaitement faite en Angleterre; elle n'y est point vétilleuse; elle dédaigne d'atteindre le malheureux qui aura fraudé une, deux ou trois pièces d'étoffes. Mais apprenant, par exemple, qu'un individu a apporté chez lui un ballot de marchandises prohibées, elle suit dans l'ombre toutes les démarches de cet individu; elle sait à quelle personne il a vendu ces marchandises, quels rapports cette personne peut avoir avec d'autres commerçans. Instruite de toutes ces particularités, elle attend en silence que l'impunité ait engagé le contrebandier à introduire des quantités plus considérables de marchandises : c'est alors seulement que la police sort du nuage qui la cachait à tous les yeux ; elle se montre enfin, mais terrible ; elle ruine le contrebandier et ses complices, et, par quelques exemples rares, mais sévères, elle ressemble à une épée flamboyante, suspendue par un fil sur la tête de tous ceux qui se livrent à un commerce illicite que le peuple réprouve et considère comme un crime de lèze-nation.

Les mêmes moyens amèneraient infailliblement les mêmes résultats en France. Je vous propose donc, Messieurs, d'y recourir ; et alors le commerce n'aura nullement à craindre les visites domiciliaires, les exercices de la régie, et les vexations dont il était menacé par le projet de loi.

Ainsi donc, 1°. tous les produits des manufactures étrangères, entrés en fraude, et qui sont maintenant en France, recevraient une marque de nationalisation, moyennant le paiement d'un droit de 20 pour 100 sur la valeur déclarée.

2°. Cette nationalisation aurait lieu en même temps dans toute la France, et serait terminée dans un délai déterminé.

3°. Dans les mêmes délais, toutes les étoffes, ainsi que les fils de coton français en écheveaux, actuellement dans le commerce, seraient estampillés, moyennant le paiement du droit de 1 pour 100 de leur valeur.

4°. Des experts choisis parmi les fabricans, présideraient (pendant le délai prescrit) à la marque de toutes les étoffes; et lorsqu'ils auraient lieu de soupçonner que l'on veut faire estampiller des produits étrangers comme français, ils se feraient représenter les factures et la correspondance, et même les livres de fabrication.

5°. Dans le cas où les premiers renseignemens ne justifieraient pas suffisamment la nationalité, la marchandise pourrait être rendue, sous caution, au détenteur, à la charge, par lui, d'en représenter la valeur lorsqu'il en serait requis; et les experts, remontant successivement aux premiers vendeurs, s'assureraient si les marchandises avaient été réellement fabriquées en France.

6°. S'il était démontré qu'un détenteur a présenté, comme français, un produit étranger, ce produit serait confisqué; et, en outre, le détenteur devrait payer une amende égale à quatre fois la valeur de la marchandise.

7°. Le délai indiqué se trouvant expiré, tous les fils de coton en bottes et les étoffes françaises continueraient à être estampillés, moyennant le droit de 1 pour 100 de la valeur déclarée ; et à compter de ladite époque, le vérificateur de chaque bureau de marque ne pourrait estampiller les étoffes et les fils qui lui seraient présentés, qu'autant qu'ils porteraient la marque ou le plomb, le N°. et l'aunage du fabricant.

8°. Dans le cas où le vérificateur supposerait qu'on lui présente des produits étrangers, il exigerait la représentation des factures, de la correspondance, et, au cas de besoin, l'administration étendrait ses recherches jusque dans les livres de fabrication.

9°. Après le délai fixé pour la nationalisation et l'estampillage des marchandises actuellement en France, tous les fils de coton en écheveaux ou les étoffes qui seraient trouvés sans estampille, ailleurs que chez le fabricant, seraient saisissables, et feraient encourir solidairement au fraudeur et à ses complices la confiscation et la quadruple amende. Les mêmes peines existeraient pour ceux qui auraient présenté des produits étrangers à l'estampille.

10°. En cas de récidive, l'amende serait

doublée, et payée solidairement par le contrebandier et ses complices. Ils seraient, en outre, condamnés à six mois de prison.

11°. Le contrebandier ou ses complices, convaincus de fraude pour la troisième fois, payeraient solidairement une amende égale à douze fois la valeur de la marchandise, et seraient en outre condamnés à cinq ans de prison.

12°. Dans le cas d'exportation des produits estampillés, ils devraient recevoir une marque de sortie, et être accompagnés de passavans ou acquits à caution jusqu'à la frontière; et l'identité de la marchandise étant reconnue à sa sortie de France, le droit de marque serait remboursé.

Telles sont, Messieurs, les principales mesures d'exécution qui peuvent assurer les avantages du système de la marque nationale.

Mais il ne suffit pas de faire des lois répressives; il faut qu'elles soient exécutables, et en harmonie les unes avec les autres; enfin, que leur surveillance et leur exécution partant d'un point unique, une seule administration tienne dans la main et dirige tous les fils qui peuvent assurer l'exécution de ces lois.

Sous ces divers rapports, les lois existantes sont insuffisantes.

Les divers gouvernemens qui se sont succédés depuis 1791, ont fait un grand nombre de décrets pour réprimer la contrebande; mais ces décrets étant des lois de circonstance, les unes sont abrogées, les autres ont subi de grandes modifications. Aucune d'elles n'est conservée en son entier; et maintenant cette législation présente partout des contradictions qui en rendent l'étude excessivement pénible et difficile. Enfin, ces décrets sont tellement épars et mutilés, que les tribunaux eux-mêmes auraient la plus grande peine à en reconnaître et rassembler les parties conservées : aussi ces lois sont-elles sans force et sans vigueur; et les tribunaux semblent même oublier qu'elles existent encore.

Un des principaux motifs qui paralysent et rendent même presque inexécutables les mesures de répression contre la contrebande, c'est que, d'après les lois actuelles, M. le garde des sceaux, les ministres de la guerre, de l'intérieur et de la police, et messieurs les directeurs-généraux des contributions indirectes et des douanes, sont chargés de s'entendre pour la répression de la fraude; mais personne n'est revêtu des pouvoirs nécessaires pour commander et faire exécuter toutes les mesures qui peuvent atteindre le contrebandier.

C'est en vain que la loi commande, lorsqu'aucune autorité n'est spécialement chargée de l'exécution. Et vous penserez peut-être, Messieurs, que l'administration générale des douanes, constamment occupée de sa correspondance avec les bureaux des frontières, de la perception des droits et de l'exécution des réglemens ministériels relatifs à cette perception, ne peut parvenir à réprimer la contrebande avec autant de succès que pourrait le faire une division du ministère, qui en serait uniquement chargée dans l'intérêt des manufactures et du fisc.

Cette opinion peut avoir quelque poids, lorsque l'on considère, 1°. que les agens des douanes, étant sédentaires, sont nécessairement exposés à la séduction; 2°. qu'ils n'ont point les connaissances de fabrication, et surtout de comptabilité commerciale, qui seules peuvent garantir qu'ils ne commettront point d'injustice; et que, dans le cas de saisies, ils pourront *au besoin* remonter jusqu'à l'origine de la fabrication, pour distinguer l'innocent du coupable, et appeler sur ce dernier seul toute la sévérité des lois.

En effet, lorsqu'une saisie a lieu, ne voit-on pas les agens des douanes se contenter presque toujours des excuses qu'on leur donne, et le contrebandier impuni en devenir plus insolent et plus audacieux.

D'après les lois existantes, les commissaires de police, les employés des droits-réunis, les administrateurs même devraient faire des saisies, et les procureurs du Roi poursuivre ensuite les contrebandiers pardevant les tribunaux; mais personne ne dirige les administrateurs, les commissaires de police, ni les employés des droits-réunis; leur zèle n'est jamais stimulé, et ce n'est que par hasard qu'ils peuvent découvrir la contrebande. Il leur manque donc un chef qui, par ses agens au-dedans et au-dehors du royaume, étant, en quelque sorte, instruit à l'avance de toutes les introductions frauduleuses, puisse les faire saisir à la frontière, ou au moins les suivre jusque dans l'intérieur. Des visites domiciliaires pourraient avoir lieu sans inconvéniens, lorsque l'on serait certain de trouver la contrebande, et que, dans le cas de visite faite à tort, des dommages et intérêts pussent être obtenus contre les agens de l'administration.

Si, dans le système suivi jusqu'à ce jour, des hasards heureux mettent sur les traces des contrebandiers, et font découvrir des marchandises étrangères, les agens des douanes, faute de connaissances commerciales, ne peuvent remonter à l'origine de la fabrication, et alors leurs procès-verbaux ne démontrant pas la fraude d'une manière évidente, les procureurs du Roi, même les plus zélés, ne croient pas devoir entreprendre, aux frais du gouvernement, la poursuite d'affaires dans lesquelles il pourrait succomber.

Je pourrais ajouter que lorsque la contrebande se fait presque ouvertement, comme depuis 18 mois, quelques procureurs du Roi, en voyant combien sont impuissantes les mesures suivies jusqu'à ce jour, ont pu supposer que le gouvernement n'attachait point un grand intérêt à la répression de la fraude.

Quant aux administrateurs municipaux, a-t-on pu penser que des hommes qui remplissent des fonctions gratuites, s'assujétiraient à faire, de leur propre mouvement, des visites domiciliaires, pour trouver des coupables parmi leurs concitoyens!

Disons-le donc avec franchise.

Lorsque la France fléchissait sous un joug d'airain, et que les contrebandiers avaient à redouter les cours prévotales et les bourreaux, les droits qui existaient alors, ont pu servir à réprimer la contrebande; mais quand la France respire sous une administration paternelle, et que les parties de décret conservées, restent sans force et sans exécution, l'on ne peut espérer la répression de la contrebande, que par un nouveau système, et par les soins d'une division du ministère qui serait spécialement chargée de réprimer la fraude. Alors, toutes les lois sur la contrebande seraient revues; les parties éparpillées de ces lois, seraient rassemblées et réunies; les lacunes qui existent dans la législation, se trouveraient remplies; il existerait enfin un Code dont toutes les dispositions se prêteraient un mutuel appui, et assureraient la répression de la contrebande.

Si vous considérez, Messieurs, que la répression de la fraude, ne peut avoir lieu d'une manière également utile au commerce et au gouvernement, qu'autant que les lois destinées particulièrement à favoriser l'industrie nationale, seront exécutées avec ensemble, promptitude et sévérité, mais aussi *avec la plus grande impartialité*, vous trouverez peut-être qu'il serait convenable que le ministère de l'intérieur fût seul chargé de l'exécution des mesures répressives.

Le ministère de l'intérieur est essentiellement paternel ; les manufactures, l'agriculture et le commerce attendent leurs succès et leur bonheur de la protection de cette administration : c'est à elle qu'ils adressent leurs voeux et leurs plaintes ; elle seule peut et doit les apprécier en père de famille.

Dans l'état actuel des choses, M. le ministre de l'intérieur est instruit de tous les maux que cause la contrebande ; mais il ne peut que transmettre à M. le directeur-général des douanes les réclamations des fabricans.... Vous voyez, Messieurs, l'impunité dont jouissent les contrebandiers, et le bas prix des primes d'assurance !....

Ces diverses réflexions acquerraient un nouveau poids, Messieurs, si vous approuviez le projet de l'estampille sur tous les produits manufacturés qui en sont susceptibles ; et si j'avais été certain que vous vous fussiez déterminés à adopter cette mesure, je vous aurais présenté les développemens des moyens qui peuvent détruire la contrebande, sans vexer ni inquiéter les citoyens.

Quant au produit du droit de marque, si la France renferme en ce moment 50 millions de marchandises étrangères, leur nationalisation à 20 p. 100 produirait 10 millions.

Si ensuite l'on considère que la France renferme 26 millions d'habitans, qui, l'un dans l'autre, consomment annuellement au moins 50 fr. d'étoffes ou de produits qui peuvent être estampillés, (ce qui éleverait la valeur de ces produits à 1300 millions), l'on appréciera que le droit d'un pour 100 rapporterait 13,000,000 f. brut sur les fabrications de 1816; et l'on pourrait évaluer au moins à 4 millions le droit d'un pour 100 à percevoir sur les marchandises nationales actuellement dans le commerce....

Je terminerai, Messieurs, ce Mémoire, trop volumineux sans doute, mais que, faute de temps, je n'ai pu réduire ni rendre plus digne de vous, en résumant les avantages que présentent les cinq derniers moyens que je viens de vous soumettre...

Régulariser les cautionnemens de la manière que j'ai proposée, peut suffire pour balancer le budget de 1816.

Les facilités dont jouiraient alors les cautionnés non-seulement empêcheraient que cette mesure ne leur fût onéreuse, mais encore procureraient à la nation un papier négociable, portant intérêt, et donnant hypothèque, qui serait extrêmement utile pour remplacer dans la circulation les 850 millions qui, successivement, en l'espace de cinq ans, doivent être exportés de France.

En outre, il paraîtrait plus naturel, dans les besoins extraordinaires de l'état, de réduire, par le fait de cette mesure, les traitemens ou les bénéfices des agens de l'administration, que d'imposer les classes industrieuses, qui seules ont supporté toutes les crises commerciales qui se sont succédées depuis 25 ans, et dont les travaux et les succès sont d'ailleurs indispensables pour procurer des revenus à l'état.

La mesure qui augmenterait les droits de patente, serait préférable, sans aucun doute, aux nouveaux droits proposés, en ce qu'elle atteindrait au moins toutes les branches d'industrie, et que cette augmentation de droit serait supportée en raison des capitaux mobiliers évalués par des commissions ou jurés. Mais en considérant toutes les difficultés que ces jurés éprouveraient pour diminuer l'injustice des bases de la contribution des patentes, vous apprécierez, sans doute, que l'on ne pourrait quadrupler ou même tripler cette imposition, sans faire payer aux commerçans aisés 9 et 10 fois le montant de leur patente et du droit proportionnel.

Par ces motifs, si vous adoptiez la mesure de l'augmentation de cette contribution, vous ne voudriez pas, sans doute, l'étendre au-delà du doublement des patentes actuelles; (ce qui pourrait procurer 16 millions à l'état.)

Le droit sur les peaux peut se percevoir facilement et sans vexation, et rapporter de 7 à 8 millions; mais, jusqu'à un certain point, cet impôt deviendrait pour les tanneurs un double emploi avec le droit de patente.

Vous ferez la même réflexion à l'égard du droit de marque sur tous les produits manufacturés qui en sont susceptibles; mais, lorsque vous considérerez à quel point les classes industrieuses repoussent les exercices de la régie, combien leurs craintes sont fondées et justifiées par le projet de budget; enfin, que tout systême fiscal détruit l'esprit public, et que jamais nous n'éprouvâmes plus de besoin de le fortifier, et de nous en servir pour assurer l'indépendance nationale, extirper la contrebande, et réparer nos désastres; il vous semblera nécessaire que la France soit rassurée sur l'objet de ses craintes, afin que le systême des marques puisse être regardé comme un bienfait du gouvernement; et que le prix de la nationalisation des marchandises étrangères qui sont en ce moment en France, en devenant une ressource pour 1816, diminue les avantages que ces produits avaient sur nos produits manufacturés.

La France est dans une position malheureuse sans doute; mais la fertilité de son sol, sa nombreuse population, l'industrie et le génie de ses habitans, peuvent réparer ses malheurs; et les moyens généraux et particuliers ne manquent pas pour parvenir à ce grand résultat.

C'est à vous de choisir, Messieurs, entre ces divers moyens; mais, songez-y, l'esprit anarchique et révolutionnaire a bouleversé la France; l'immoralité y a fait des ravages affreux depuis vingt-cinq ans; et pendant les cent jours que nous voudrions à jamais rayer de nos annales, la démoralisation a montré audacieusement toute sa laideur.

Comprimée aujourd'hui par l'amour des Français pour le meilleur des Rois, l'immoralité cache sa tête hideuse sous le masque de la vertu et du dévouement, et les révolutionnaires sont réduits au silence; mais, dans l'ombre, ils soufflent la malveillance; elle censure tous les actes du gouvernement, elle s'attache même à vos pas, et a voulu vous diviser.

Députés de la nation, vous avez fait beaucoup sans doute, en donnant au gouvernement la force dont il avait besoin pour atteindre et punir les agitateurs; mais une tâche et plus grande et plus noble vous est réservée.

Vous êtes appelés à sauver la patrie, en votant des impôts qui ne tarissent point les sources de la production; et c'est le but de toutes vos pensées!

Vous apprécierez, Messieurs, que le seul moyen d'assurer à la France sa tranquillité, son indépendance, et l'intégrité de son territoire, c'est de faire renaître dans toutes les classes de la société l'esprit public, qui seul fait la force des nations, puisqu'il rend faciles tous les sacrifices nécessaires à la patrie, et qu'il inspire l'héroïsme.

Tous les Français auront de l'esprit public, si l'on emploie et dirige les trois grands mobiles qui conduisent les hommes (l'intérêt, la religion et l'honneur), pour attacher tous les citoyens au Roi et à la patrie; et comme l'intérêt est le mobile qui agit avec le plus de force sur la plupart des individus, moins la religion et l'honneur auront de pouvoir sur eux, plus il sera indispensable de les attacher par leur propre intérêt.

L'application de ces principes peut avoir

lieu en cette circonstance, particulièrement à l'égard de toutes les classes industrieuses; et bien certainement elles trouveront leur intérêt à seconder le gouvernement, s'il encourage, protége et favorise toutes les entreprises utiles au plus grand nombre des citoyens; si, par des liens mutuels et indissolubles, toutes les professions et les états se trouvent respectivemement ou protégés ou protecteurs; et en conséquence, si le gouvernement, planant en quelque sorte sur tous les Français, répartit entre eux avec une juste équité non-seulement les impôts, mais aussi les récompenses, les faveurs et les grâces : alors, n'en doutons pas, l'intérêt et la reconnaissance inspireront l'esprit public; il se communiquera rapidement dans tous les rangs de la société, et le bonheur de la France sera assuré.....

Et vous, Messieurs, qui aurez si puissamment contribué à sauver la patrie, en secondant les intentions paternelles du Prince auguste qui veut l'union et le bonheur de tous les Français, vous trouverez dans la reconnaissance de vos concitoyens la récompense de vos nombreux travaux.

BIBLIOTHÈQUE ROYALE

FIN.

TABLEAU des Ressources que procurerait au Gouvernement l'adoption des onze moyens indiqués.

MOYENS GÉNÉRAUX.	1°. Emprunt par la caisse d'emprunt................	43,000,000 fr.	133,520,000 fr.	ensemble 317,120,000 fr.
	2°. *Idem* par les communes.....................	43,000,000		
	3°. Émission de 3,960,000 fr. de rentes à 60 fr.	47,520,000		
Impôts qui peseraient sur tous les Français.	4°. Augmentation { de la contrib. mobil. 10,000,000 f / de la c. pll., au moins 7,800,000 }	17,800,000	87,800,000	
	5°. *Idem.* d'un décime par kilog. de sel, environ	14,000,000		
	6°. *Idem.* { du droit sur les boissons, en supprimant les exercices, excepté aux lieux de production............ }	56,000,000		
Impôts qui ne seraient supportés que par certaines classes de la société.	7°. Régulariser le mode des cautionnemens, au moins..	45,000,000	95,800,000	
	8°. Doubler le droit de patentes pour 1816...........	16,000,000		
	9°. Établir un droit sur les peaux, environ...........	7,500,000		
	10°. Nationaliser, moyennant un droit de 20 p. % de la valeur, les produits manufacturés de l'étranger, actuellement en France, au moins......	10,000,000		
	11°. Estampiller tous les produits manufacturés en France, qui en sont susceptibles, moyennant le droit de 1 p. % de leur valeur, savoir : 1°. Ceux en circulation, environ.. 4,300,000 f ; 2°. Ceux à fabriqer. en 1816, env.. 13,000,000	17,300,000		

L'on peut donc facilem procurer au Gouvernement 43,166,667 fr., dont il a bes pour balancer le budget de 18 sans avoir recours à des moy vexatoires et à des impôts o reux, qui décourageraient et r neraient l'industrie française, mécontenteraient toute la natio

www.ingramcontent.com/pod-product-compliance
Ingram Content Group UK Ltd.
Pitfield, Milton Keynes, MK11 3LW, UK
UKHW021101260726
13994UKWH00002B/632